スコットランド　タータンチェック紀行

奥田実紀

Dear みなさん

タータンで始まって、
タータンで終わるスコットランドめぐり

　スコットランドといえば、ウイスキー。それから、ゴルフ。でも私はお酒を飲まないし、ゴルフもたしなまない。スコットランド旅行の楽しみが半減するよ……なんていう人もいるけれど、私的にはそんなことはまったく感じていないのです。
　なぜかというと、私にはタータンチェックという、大好きなテーマがあるから。チェック好きから始まった私のこだわりは、タータンというチェックに出会って、いつしかタータンを極めるまでに深くなっていました。タータンって、きれい！　おしゃれ！　という素朴な気持ちの背景には、スコットランドの寒い高地で暮らす人々の暮らしや、強く結び付く血族意識や、虐げられてきた過去、ひいてはスコットランド人としてのアイデンティティにまで高められた歴史の流れまでが、静かに横たわっていました。タータンからスコットランドを知ることができるといっても、言い過ぎではないでしょう。タータンを追う。もう、それだけで旅は盛りだくさん、楽しさ倍増です。
　それに、タータンを探しながら、古城に泊まって貴族気分を味わったり、美しく整えられたガーデンをそぞろ歩いたり、スコットランドならではのおいしい料理や、スイーツに頬をふくらませたり、かわいいオリジナル・グッズを発見したり、はっとする風景に一目ぼれしたり。
　そんなよくばりも、いっぱい、見つけてきました。一緒に、スコットランドを存分に味わってください。

A82
Baile a' Chaolais
Ballachulish 3
A' Chàrnaich
Glencoe Village 4
A' Chrìon-Làraich
Crianlarich 40
Glaschu
Glasgow 91
(A828)
An t-Òban
Oban 33

HOMEMADE
Traditional Recipe
SCOTCH PIES 80p

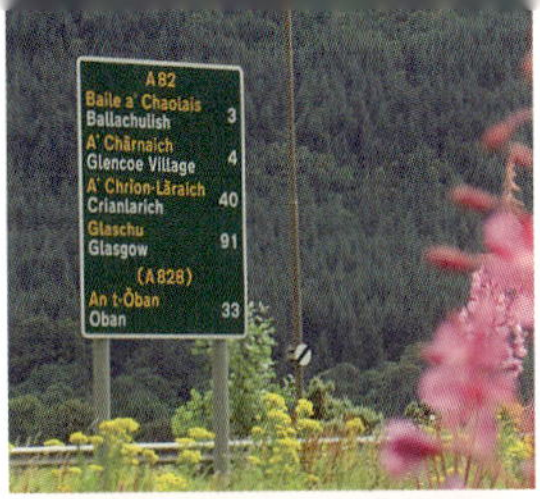

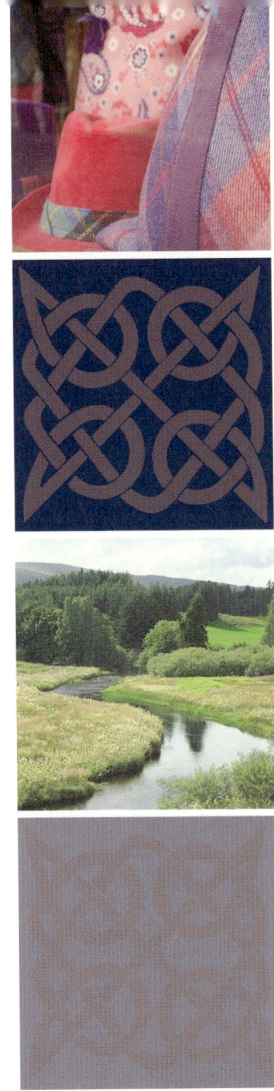

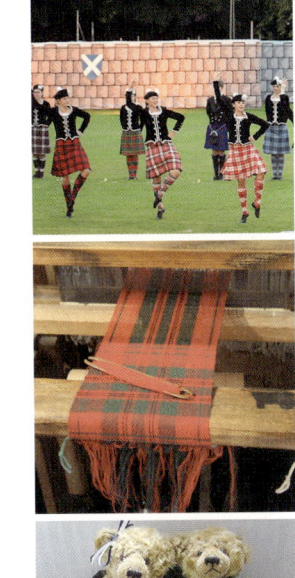

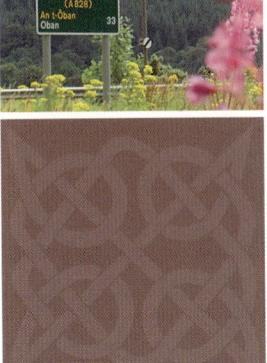

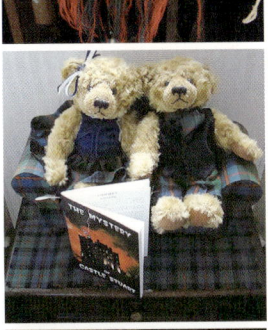

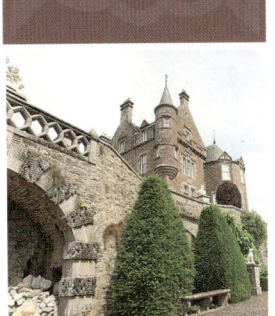

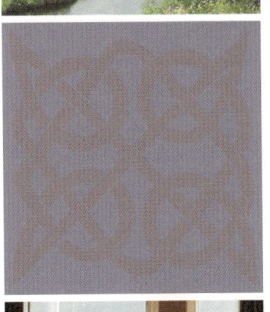

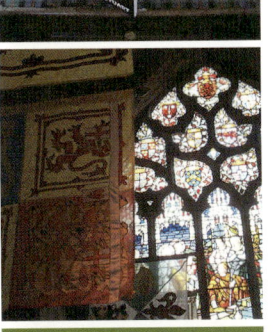

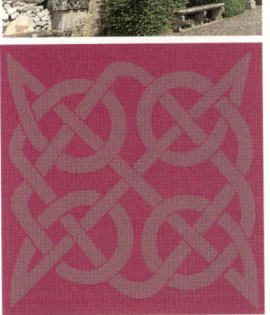

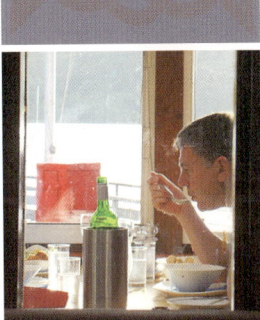

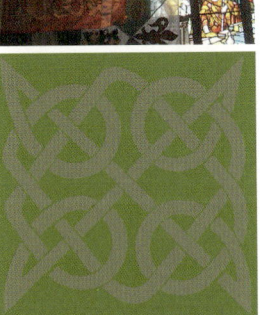

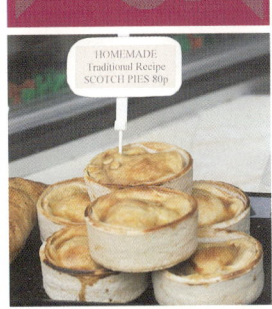

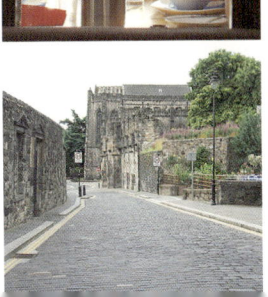

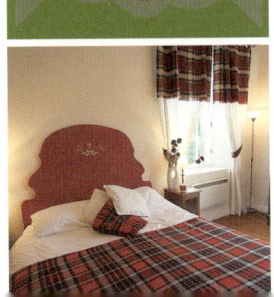

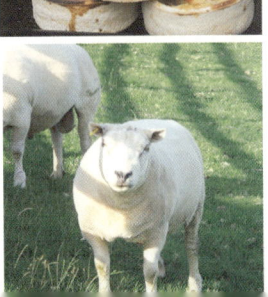

✦ CONTENTS ✦

Chapter1
スコットランドとタータンチェック --------- 10
スコットランドについて（スコットランドとは / スコットランドの天気 / スコットランドの歴史）/ タータンチェックについて（タータンとは / タータンの背景 / クラン・タータンの確立と認可 / タータン図鑑）

Column
キルトについて ----------------------------- 30

Chapter2
スコットランドめぐり ～南部編～ --------- 31
南部について / ロッカロン工場 / スコッツ・ビュー / 修道院めぐり（メルローズ・アビー / ジェドバラ・アビー / ドライバラ・アビー）/ カントリーハウス（トラクェア・ハウス / メラーステイン・ハウス / アボッツフォード・ハウス）/ 泊まる～古城とB&B～（ボースウィック・カッスル・ホテル / カッスル・ベンロー / ファウホープ・ハウス / ライン・ファームハウス / パティースヒル・ファームハウス）

Column
スコットランドの朝食（ブレックファースト） ------- 54

Chapter3
スコットランドめぐり ～中部編～ --------- 55
中部について / スターリング城 / ドラモンド庭園 / タータン・オーソリティ / ハイランド・ゲームズ / ブレア城 / カランダー / 泊まる（クーランダラック / アソル・アームズ・ホテル）

エディンバラ
エディンバラ城 / ホリルードハウス宮殿 / タータン・ウィービングミル＆エキシビション / ビュースポット / サクラ・タータン / 美術館＆博物館めぐり（国立スコットランド博物館 / 国立スコットランド美術館 / グラッドストーンズ・ランド / ジョージアン・ハウス）/ タータン発見！ / タータンのお店（アンタ / ネス）/ エディンバラ・ミリタリー・タトゥー / 泊まる（キルドナン・ロッジ・ホテル / グレンデール・ゲストハウス / 21インディア・ストリート / カッスル・ビュー・ゲストハウス）/ スタック・ポリー

Column
スコットランドがわかる、味わえるおすすめの本 ------- 89

Chapter4
スコットランドめぐり ～北部編～ ------------- 90
　北部について / クラン・マクファースン博物館 / 古城（バルモラル城 / コーダー城 / カロデンの戦場）/ 泊まる（スチュアート城）

　インヴァネス
　インヴァネス城 / インヴァネス博物館 / インヴァネス・タトゥー / カフェ＆ゲストハウス（リーキーズ・カフェ / ウエストボーン・ゲストハウス）/ スコティッシュ・キルトメーカー・ビジターセンター / チャリティーショップ / ヴィクトリアン・マーケット / ジュディス・グルー / ジェームズ・プリングル・ウィーバーズ / スコティッシュ・ショータイム / アーカート城 / イーレン・ドナン城 / スコットランドの国花・アザミ

　スカイ島へ
　キルト・ロック / ポートリー / ブロードフォード / スカイ島暮らしの博物館 / ダンヴェガン城 / クラン・ドナルド・センター）

　スカイ島からフェリーで本土へ
　グレンフィナン高架橋 / シール湖 / フォート・ウィリアム / ノース・バラフーリッシュ / ネヴィス・レインジ / クラン・キャメロン博物館 / グレンコー

Column
スコットランドがわかる、味わえるおすすめの映画 ----- 132

付録：スコットランド旅行のお役立ち --------------- 134

あとがき　～終わりは始まり～ -------------------- 136

Chapter
1
スコットランドとタータンチェック

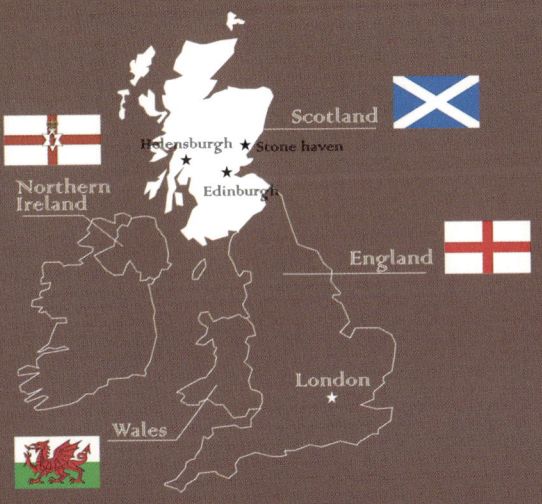

スコットランドについて

スコットランドとは

　スコットランドは、日本ではまだまだ知られていない国だと思います。ヨーロッパの左上にある島国は「グレート・ブリテン島」といい、イングランド、スコットランド、そしてウェールズの、3つの国があります(11P)。それらがまとまって「グレート・ブリテン連合王国」をつくっているのです。後にアイルランドが加わりますが、南北に分かれて北アイルランドだけが残ったので、現在は「グレート・ブリテンおよび北アイルランド連合王国」。ユナイテッド・キングダム、またはUKとも呼ばれます。別々の国が一つになっているので、言葉も宗教も、民族性もそれぞれ違います。イングランド人はイングリッシュ、スコットランド人はスコティッシュ、ウェールズ人はウェルシュ、アイルランド人はアイリッシュ。これが、それぞれの国の人々のアイデンティティとなっているのです。

　スコットランドは大きく、イングランドに近い南部の「ローランド（低地）」と、険しい山々が多い北部の「ハイランド（高地）」に分かれます。はっきりとした境界線はありませんが、地形的には、アバディーンの南にあるストーンヘイヴンと、グラスゴーの北西にあるヘリンズバラとを結んだラインといわれています。

　ローランドの中でも、イングランドとの国境付近、〈ボーダーズ〉と呼ばれる南部は、平坦とはとてもいえない高さの丘陵地帯が広がっているので、最近は〈サザン・アップランド〉と呼ばれるようになりました。エディンバラやグラスゴーを含む中央部は〈セントラル・ローランド〉。

＊本書では、一般的になったこの三つの区分に合うよう、南部、中部、北部に分けて構成しています。

スコットランドの天気

　スコットランドは、ブリテン島の北部。冬の平均気温は3～4度、夏の平均気温は20度以下（涼しい～）で、カラッと青空で晴れわたるという日は珍しい国です。
「天気がいいとスコットランドは世界で最も美しい国の一つになる」と書いてあるガイドブックもあります。光の質といい、色調の織り合いといい、独特の美しさと、はっとするような魅力を放ちます。でも、曇りや雨でもがっかりすることはありません。なにしろ、天気予報は「雨と晴れ（サニー・アンド・レイン）」。雨が降っていたかと思うと、突然晴れ間がのぞき、あれよあれよという間に雲がなくなる。しばらくすると、厚い雲がたちこめる。そしてまた雨が降って、夕方になってまたぱっと晴れ渡る、という具合。たった一日で、すべての天気が味わえるという不思議。それがまさに"スコットランド"。

　雨がやんだあとの虹は、他のどこで見た虹よりもきれいでした。雨なら雨の、曇りなら曇りの時にしか見られない微妙な色合いや雰囲気を見い出すのも、楽しみの一つだと、気がつきます。

スコットランドの歴史

　スコットランドは紀元前から様々な民族に侵入され、安定しない戦いの日々でした。やっと一つにまとまっても、王権争い、宗教による対立などで激しく揺れます。ウェールズが 1536 年にイングランドに併合されたのに対し、スコットランドはどこまでも抵抗し続け、イングランドと何度も戦いました。勝ったり、負けたりの繰り返しです。

《紀元前》　《紀元後》

- 700 年ごろ　カレドニア人（ピクト人：ケルト民族）が住む地に、ゲール人、ブリトン人、スコット人といったケルト民族が入ってきて、定住を始める
- 紀元前 80 ～ 85 年　ローマ軍の侵略始まる
- 410 年ごろ　ローマ軍の撤退とともに、小王国ができあがっていく
- 794 年～　ヴァイキングの襲来始まる
- 1018 年　小王国の統合が繰り返されていった結果、ひとつにまとまったスコットランド王国が誕生
- 1292 年　王位の空白続き、その争いの調停にイングランド王エドワード一世が関与、スコットランド王国を手中におさめる。そのため、イングランドとの抗争が始まる
- 1295 年　フランスと同盟を結ぶ
- 1296 年　エドワード一世がスコットランドとの戦いに勝利。運命の石（スクーンの石）を奪っていく
- 1297 年　ウィリアム・ウォレス、スターリング・ブリッジの戦いでエドワード一世に勝利するも、最終的に敗北
- 1306 年　ロバート・ブルースが王位を主張し、ロバート一世として即位式をあげる
- 1371 年　ロバート二世（ロバート・スチュアート）が即位し、スチュアート王朝が始まる（アン女王が亡くなる 1714 年まで続く）
- 1528 年　スコットランドの宗教改革（反カトリック運動）始まる
- 1542 年　メアリー・スチュアート、生後 6 日でスコットランド女王として即位
- 1561 年　フランスの皇太子と結婚したメアリー女王、皇太子死去によりフランスから帰国
- 1567 年　長老派（プレスビテリアン）教会（プロテスタント）がスコットランド国教となる。メアリーの息子ジェイムズがジェイムズ六世として即位

700 ／ 80～85 ／ 400 ／ 700 ／ 1000 ／ 1200 ／ 1300 ／ 1500

> タータンのもとをたどるとピクト人にいきつく。古代ローマの文献によると、ピクト人は色彩豊かな縞模様の衣装を身につけていたという。しかしピクト人についてはよくわかっておらず、いつしか歴史の中から消えてしまう謎多き民族だ。

> 運命の石とは、スコットランド王の即位式に使われていた聖なる石。長年、ウエストミンスター大聖堂に置かれていたが、1996 年に正式にスコットランドに返還された。

> 「スチュアート」は、もともと宮宰 Steward という職業名だった。代々宮宰を世襲してきたことから、姓として認められた。綴りは 16 世紀なかばに Stewart に変更されたという。

1707年に統合することになりましたが、同等な立場ではなかったので、プライドの高いスコットランドは、あくまで独立した国である意識を持ち続け、今に至ります。同化しない不屈の精神、愛国心がスコットランド人は人一倍強いのです。そのため、独自の文化や言語などが消えうせてしまわなかった。タータンもその一つです。

- 1689年 カトリック復興を企てたジェイムズ七世（イングランドではジェイムズ二世）が追放され、フランスに亡命した（これが名誉革命）。しかし亡命後も自分は正当な国王だと主張し続けたので、ジェイムズ七世を支持するジャコバイト（ジェイムズのラテン語読みからこう呼ばれた）が反乱を起こす

- チャールズ・エドワード・スチュアート（ジェイムズ七世の孫。美男子だったのでボニー・プリンス・チャーリーとよばれた）が、1715年のリベンジで立ち上がるも、大敗。

- 1801年 アイルランド王国が併合され、グレート・ブリテンおよびアイルランド連合王国となる。

- 1603年 エリザベス一世死去。ジェイムズ六世がイングランド王ジェイムズ一世を兼ねることになるが、スコットランドとイングランドは合併せず、独立国であるとして同君連合の形をとった

- 1745年 ジャコバイトが三度目の反乱

- 1784年 エディンバラ・ハイランド協会設立

- 1861年 ヴィクトリア女王の夫君アルバート公、死去

- 1707年 スコットランドとイングランドの議会が合併統一され、グレート・ブリテン連合王国が誕生。君主はアン女王

- 1782年 ハイランド衣装禁止令が撤廃される

- 1815年 ハイランド・クリアランス（住民を大量に立ち退かせる政策）本格化

1600 — 1700 — 1800 — 2000

- 1587年 メアリー女王、エリザベス一世暗殺計画に加担したとして処刑される

- 1715年 ジェイムズ七世の息子が王位を奪還しようと立ち上がり、ジャコバイトが再び反乱を起こす。しかし、失敗

- 1822年 ジョージ四世王、エディンバラを訪問

- 1638年 イングランド国教会を押しつけられ、長老派が「国民契約（盟約とも記される。カベナント）」に署名し抵抗。国王は武力で制圧した

- 1692年 グレンコーの虐殺事件、起こる

- 1752年 コリン・キャンベル暗殺事件（アピン事件）、起こる

- 1778年 ロンドン・ハイランド協会設立

- 1842年 ヴィクトリア女王、初めてスコットランドを訪問

- 2000年 スコットランド議会（1707年に消滅）が、正式に復活

ヘンリー八世が、離婚を認めないローマ・カトリック教会と断絶して作ったのがイングランド国教会。イングランド国教会とスコットランド国教会（長老派）、そしてローマ・カトリック教会（長老派が国教になっても昔からのカトリック信仰を捨てない者も多くいた）の三つが、反目しあい、政治に大きく関わっていたのです。

『さらわれたデービッド』はこの事件と、グレンコーの虐殺事件を背景に、キルトが禁止されていたスコットランドの状況が克明に描かれています。

ハイランド衣装禁止令の撤廃を求めて活動した。

タータンチェックについて

タータンとは

　タータンとは、「格子柄の綾織り生地」をさします。本来はウール地ですが、今はコットンやシルクもあって、用途によって使い分けられています。タータンには規則性があり、登録制度もあって、ほかのチェックとは大きく違います（ここがとても大事！）。

　規則性とは、交叉させる経糸（ウォープ）と緯糸（ウェフト）の色と配列が同じであること。つまり、横から見ても縦から見ても、色糸の並び方やその幅がまったく同じということです。

　格子柄も、綾織りの布地も世界中で見られ、スコットランドで発生したものではありません。しかし今ではタータン＝スコットランドと思われるほど、スコットランドを象徴するものとなっています。特に、スコットランドの伝統ある家は独自のタータンを持っており、タータンを見ればどの家系かわかるといいます（日本の家紋のように）。

　もともと、人々は無地、あるいは染色した格子柄のタータンを自由に使っていました。プラッド（プレードともいう）という大判の状態で使い、体を包んだり、肩からかけたり、時には毛布にしたり。腰の部分をベルトでとめて着ることもあり、ベルトでとめたプラッドは高地地方の男性特有の服だったこともあり〈ハイランド衣装〉

と呼ばれました。
　身にまとう格子柄はさまざまでしたが、今ほど色も柄も多様でなかった当時は、集落の織り工(ウィーバー)が作るタータンの種類も多くはなかったはず。同じタータンを使う人々が何人もいたことでしょう。それで、タータンの色と柄から、だいたいどの地域・地方(ディストリクト)の人かがわかったそうです。地域に根ざしたこのようなタータンを、ディストリクト・タータン(地域特有のタータン)といい、タータンの原点といわれています。

タータンの背景

　スコットランドには由緒ある家系をさす〈クラン〉という言葉があります。〈氏族〉と訳されますが、正確には血縁や地域的なつながりがもとになった、独立した集団をさします。クラン・チーフという族長が采配をふるい、独特の社会を築いていました。その結びつきはとても強く、時には国の制度よりもクラン制度が優先されました。

　昔はクランごとの決まったタータンはなく、それぞれディストリクト・タータンを身につけていました。しかし、1745年のジャコバイトの反乱の時、色とりどりのタータンは、反乱の中心となった高地地方(ハイランダー)の人々に見られるはっきりとした特徴だったため、特有の文化と受け取られました。政府は二度と反乱が起こらないよう、クラン社会そのものを壊すことにし、家を焼き払い、クラン姓の使用・ハイランド衣装やタータンの着用、そしてバグパイプの演奏まで禁止したのです。

　タータンが禁止されていた間、唯一、タータン着用が認められていたのが軍隊です。政府はハイランドでの反乱を防ぐために、早くからハイランダーによるハイランド連隊を組織し見張っていました。青・黒・緑のタータンを身につけていたため、連隊はその黒っぽい色から、〈黒い見張り番(ブラック・ウォッチ)〉と呼ばれました。1745年の反乱では政府軍として戦ったので、反乱後もタータンの着用が認められています。このハイランド連隊、そして植民地の奴隷用の衣装として、タータンの生産は、禁止された後も続いていきます。

　しかし、クランの間ではタータンは忘れられていきました。伝統を消してはならないと、禁止令撤廃と保存の動きが出始めたことは幸いでした。1782年にやっと、禁止令は撤廃されます。その頃には中産・上流階級の間でも、タータンはロマンチックに見えるようになったからという理由により、注目されていました。

　ロマン主義という、異国的・未知・神秘的なものを好むロマン主義の運動が高まって、破壊させられたプライド高き野蛮人(ハイランダーのこと)や素朴な未開地(ハイランドのこと)に、人々が憧

Black Watch

Royal Stewart

れるようになりました。ハイランドの歴史に魅せられたウォルター・スコットが、美化する小説を次々に発表し、流行したこともあって、タータンをまとう習慣のなかったローランドや、イングランドの中産・上流階級の人々のファッションにも、タータンが取り入れられました。ロマンチックな名前をつけたタータンが、商業ベースで売れるようにったのです。

クラン・タータンの確立と認可

　1822年夏、ジョージ四世王がエディンバラを訪れました。ジョージ四世は若い頃からハイランド衣装を好んで身につけていたそうです。

　この時、国王歓迎行事の総指揮をとったのが、ウォルター・スコットでした。スコットは「みなタータンを着用せよ」との声明を出し、タータンやキルトを着用することは愛国心の証しとしました。

　タータン製造業者は、それぞれのクランに属するタータン柄をはっきりさせるため、ロンドンのハイランド協会と協力。こうして本物のクラン・タータンが〈認定〉されるようになったのです。独自の柄を持っていないクランは適当なものを選ぶか、作り出しました。間に合わせのように大量に作り出されたクラン・タータンもたくさんあったわけで、タータンが〈創られた伝統〉といわれる理由はここにあります。

それでも、ジョージ四世自身が〈ロイヤル・スチュアート〉と呼ばれる赤いタータンのハイランド衣装で姿を現したことは歴史的に大きな意味がありました。王に否定的だったハイランダーたちに好意を持たれ、ハイランド衣装も、タータン自体も野蛮人のものではなく、フォーマルとして認識されたからです。クラン・タータンの確立にもつながりました。
　失われかけていた国民意識はタータンを中心に一つにまとまっていきます。タータンはハイランドだけでなく、スコットランド全体のイメージとなり、ひいてはイングランドを含めたグレートブリテンの象徴となっていくのです。
　けれどタータンの人気が高まれば高まるほど、いい加減なタータンがたくさん生まれ、乱用されていきました。そこでスコットランド紋章院は、クランの身元を示す印としてのタータンの審査・登録を始めます。1963年にはスコティッシュ・タータンズ・ソサエティが発足し、世界中のタータンの登録と認可を行なうようになりました。しかし、同じような団体が他にも出てきたことから、政府機関であるスコットランド国立公文書館が「スコティッシュ・タータン登記所 The Scottish Register of Tartans」を立ち上げて一本化しました。公式ホームページ (http://www.tartanregister.gov.uk/) で、登録・認可されたすべてのタータンを見ることができます。国、企業、個人を問わず、オリジナル・タータンをデザインして登録することができます。日本と違ってスコットランドでは、たくさんの種類のタータンが、きちんと名前つきで売られています。質に大変な気を配っているからこそ、他の生地より値段も高めにはなりますが、安さに安易に流されないことが、タータンを守ることにつながるのです。他のお土産品にも同じことがいえるでしょう。

Tartans Gallery

タータン図鑑

ここでは私たち日本人も身につけられる、一般向けのタータンを選んでご紹介します。スコットランドのディストリクト・タータンを中心にまとめました。スコティッシュ・タータン登録所のカテゴリーで〈ディストリクト〉に入っていないものは、そのカテゴリー名も明記しました。

できるだけ実物の色がわかるよう、本書では実際のウール生地を撮影しました。定規で引いたような真っ直ぐな線になっていない柄があるのはそのためです。本書でご紹介したタータンがすべて、お店に常時ストックされてはいないので、注文や購入したい場合にはご注意ください。インターネット上で見る色と、実際の生地の色はかなり違います（同じ名前のタータンでも織物業者によっても違いがある）。
気に入ったタータン生地を手に入れるまでの道のりは遠いかもしれませんが、実際に手にした感動はひとしお！ですよ。お気に入りのタータンをぜひ見つけてください。

タータンの種類
タータンにはいくつか種類があり、覚えておくと便利です。ざっとご紹介しましょう。

✚ **クラン・タータン** *Clan Tartan*
クランに属する者が身につける。

✚ **ディストリクト・タータン** *District Tartan*
地域・地方に根ざしたタータンで、クラン・タータンのない人々が着用。クランと関係のない私たち日本人もOKです。スコットランドのディストリクト・タータンだけでも百以上あり、ほかにカナダ、アメリカ、オーストラリアなど、世界各国でディストリクト・タータンが作られています。

✚ **ユニバーサル・タータン** *Universal Tartan*
誰が身につけてもよい一般向けのタータン。私たち日本人もOKです。ナショナル・タータンと呼ばれることもありますが、スコティッシュ・タータン登記所には〈ユニバーサル〉や〈ナショナル〉というカテゴリーがなく、コーポレートやファッション・タータンに分類されていることがあります。

✚ **ハンティング・タータン** *Hunting Tartan*
戸外での活動時のため、特に狩猟用に自然に同化するような暗い色で作られたタータン。

✚ **ドレス・タータン** *Dress Tartan*
白を基調とした、女性用のタータン。

✚ **ロイヤル・タータン** *Royal Tartan*
王室が用いたタータン。

✚ **アーム・タータン** *Arm Tartan*
軍隊の制服用タータン。政府タータンとも呼ばれる。

✚ **コーポレート・タータン** *Corporate Tartan*
企業や組織が、イメージアップや販売促進などのために作ったタータン。

✚ **記念タータン、追悼タータン**
Commemorative Tartan, Memorial Tartan
人物やイベントを記念したり、追悼するために作ったタータン。

アバディーン
Aberdeen

アンガス
Angus

アソル
Atholl

Tartans Gallery
タータン図鑑

エアシャー
Ayrshire(designer:David McGill)

カレドニア
Caledonia

カロデン
Culloden(Dress)

バンフ・アンド・ブキャン
Banff and Buchan

カリック
Carrick

ダンバートンシャー
Dunbartonshire(designer:David McGill)

ブレイブハート・ウォリア
Braveheart Warrior ● 分類は *corporate*

クリーフ
Crieff

ダンディー
Dundee

イースト・キルブライド
East Kilbride

イールドン
Eildon(1996) ● 分類は *Fashion*

フォート・ウィリアム
Fort William

イースト・ロジアン
East Lothian(designer:David McGill)

エトリック
Ettrick

ギャロウェイ
Galloway(Green, yellowline)

エディンバラ
Edinburgh

ファイフ
Fife(designer:David McGill)

ギャロウェイ
Galloway(Red)

Tartans Gallery
タータン図鑑

グラスゴー
Glasgow

ホーイック
Hawick

アイル・オブ・スカイ（スカイ島）
Isle of Skye

グレンオーヒー
Glenorchy #1

ハントリー
Huntly

ジャコバイト
Jacobite

グランピアン
Grampian

インヴァネス
Inverness

ラナークシャー
Lanarkshire(designer:David McGill)

Tartans Gallery
タータン図鑑

スコットランド 2000
Scotland 2000 ● 分類は *commemorative*

スコティッシュ・ナショナル
Scottish National ● 分類は *Fashion*

トゥイードサイド
Tweedside(Hunting)

スコットランド・フォーエバー
Scotland Forever(Modern) ● 分類は *Fashion*

スターリング・アンド・バノックバーン
Sterling and Bannockburn

トゥエンティ・ファースト・センチュリー (21世紀)
Twenty First Century ● 分類は *Fashion*

スコティッシュ・ボーダーランド
Scottish Borderland

ストラスクライド
Strathclyde(Blue)

ウエスト・ロジアン
West Lothian(designer:David McGill)

● 生地の撮影に協力してくださった方々
Lochcarron of Scotland(Selkirk)
Tartan Weaving Mill & Exhibition, Geoffrey(Tailor) Store(Edinburgh)
Mr. David McGill(Tartan designer)
House of Tartan(Comrie)

COLUMN

キルトについて

　ひだスカート〈キルト〉は、もともと男性だけがはくものでした。伝統的なタータン衣装とされていますが、生まれたのは18世紀初頭です。1745年の反乱後に禁止されたハイランド衣装には、キルトは含まれていませんでした（キルトは生まれて間もなかったので）。伝統的なハイランド衣装といえるのは、ベルトでとめたプラッド。でもこれは工場のような場所で作業するには邪魔で、動きにくく、不便でした。衣服としてのプラッドは、大きさが2ｍ×4ｍほどもあり、身につけるには床に広げてプリーツをつくり、その上に寝ころんで身にまとってからベルトでとめるという長い工程がありました。

　ベルトから上と下を切り離し、スカート部分（今のキルト）だけを作り出したのは、イングランド人の工場主だったそうです。この手軽で便利なキルトはまたたくまに広がり、プラッドは姿を消していきました。

Chapter 2

スコットランドめぐり　〜南部編〜

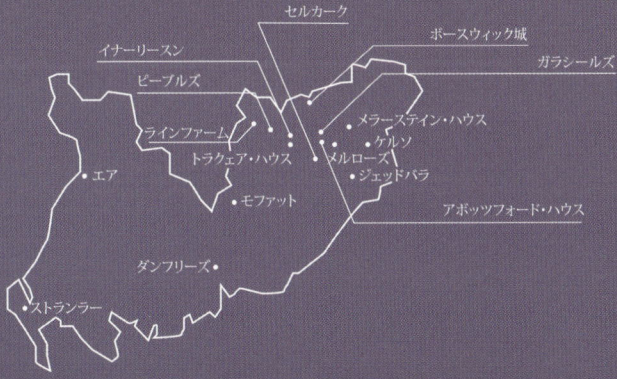

南部について

さあ、スコットランドの旅の始まりです。広大なスコットランド、短い日数で効率的に見て回るには車が快適。レンタカーを借りて、出発！　毛織物産業がさかんで、タータンの原点に触れられる南部はスタートにふさわしい。これから北上しながらぐるりとスコットランドを走り、たくさんのタータン風景と出会います。

　スコットランドへはイングランドとの国境を越えて入る方法がおすすめです。私が選んだのはＡ 68 号線、風光明媚なノーザンバーランド国立公園の中を抜ける気持ちのいいドライブ。スコットランドとイングランドの国境には、なだらかなチェヴィオット丘陵が横たわっています。緑の草原で草をはむ羊たちはこの丘陵の名をもらったチェヴィオット・シープです。この羊の毛はツイード織りに向いているんですって。タータンと並ぶ、スコットランドの特産ツイード生地。その独特の風合いが大好きです。

　丘をゆっくりとあがったところに見えてくる、スコットランドの色・ブルーのフラッグ。"Welcome to Scotland"。下にはゲール語の文字。スコットランドです！　吹きつけてくる風は、歓迎の印にしては強すぎますが、眺めのすばらしさに、寒さも忘れてしまいます。これがボーダーズ……。ローラン

ド地方ということで、平らな牧草地の広がりを想像していましたが、全然違うのです。起伏のある丘陵地は変化に富んでいて、アップダウンが続く山道や、小さな渓谷や滝といったさまざまな表情を見せてくれます。〈サザン・アップランド〉と呼ぶようになったのが、納得できます。「ああ、スコットランドにいるんだ」と何度も感じさせてくれる地域です。

ロッカロン工場　Lochcarron of Scotland

　ボーダーズは、ファッションが生まれる場所。ボーダーズには昔、たくさんの毛織物工場がありましたが、安く製造できる海外へどんどん移って行ってしまいました。とはいえボーダーズはまだまだ元気！　タータンをはじめ、ツイード、カシミア、ハンドニットなど、スコットランドののどかな小さな町で生まれた生地や製品が、世界中に運ばれ、愛用されています。

　タータン好きにとって、ボーダーズで忘れてならない場所は、タータン製造会社の老舗・ロッカロン社です。ビジターセンターとカフェが併設されているうえ、あらかじめ予約すれば、工場を見学することができます！　私が行った2009年7月末は、ちょうど工場の夏期休業（2週間）が始まるので、機械はすべて停まってしまうとのことだったのですが、工場を案内してもらえました。ビジターセンターとカフェは通常通りオープンしていたので、結局のところ、私はロッカロン社を心おきなく見て回ることができたのです。

　しんと静まり返った工場の中。案内してくれたレベッカさんに「いつもは機械の音がものすごいんですよね」と聞くと「そうなの。でも今日は機械がすべて停まっているから、説明の声もしっかり聞こえるわね」とにっこり。機械のすぐそばまでいって、指さしながら説明をしてくれます。糸の微妙な色の違い、どのように綾織りになっていくかを数十センチの距離で見ることができました。一本一本の糸がからまないような工夫など細かい部分までわかって、タータン織り機の精密さを実感。少しでも糸がからまったら、自動で緊急停止するようになっているそうです。

　「危険だから、いつもは機械にこんなそばまで近づくことはできないのよ、あの遠くの黄色いラインから眺めるだけ。あなたはラッキーね」とレベッカさん。そうか！　工場が休みでがっかりしていたけれど、それは反対に、近くに行って見ることができるということ。めったにできない貴重な体験だったのです。

織糸をつくる

先染め糸の状態になるまでも時間がかかります。紡いだ白糸を中芯に巻く→大樽に入れ、染色する→オーブンで乾燥させる

1 染色用の大樽。カラフルな糸に生まれ変わる。糸のサンプルは2000色あるとか

2 これは百年以上使い続けられている、染め糸乾燥機

生地を織りあげる

4 糸カウント（何色が何本、どんな順番になっているか）に合わせて糸をセットし、先に経糸が織られていきます

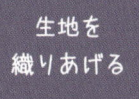

3 注文される生地の長さはまちまち、使う糸の量も違ってきます。大切な糸が無駄にならないよう、必要な長さごとに、糸色と同色の中芯に巻いています

5 まず経糸(たて)を織っていきます

6 経糸が織りあがりました

7 織られた経糸に、緯糸(よこ)が織り込まれていく

できあがったタータンは、ほつれや玉がないかなど、人の目でのチェックが必要です

ハロー・キティ・タータン。2009年に誕生35周年を迎えることを記念して作られたオリジナルタータンです

　生地は出来上がっても、まだ仕上げ作業（洗い、乾燥、ふちの切り落とし、ブラッシング、アイロン、テフロンや防火といった加工など）があり、それは別の工場で行われるそうです。そうした長い長い工程をへて、やっとタータン生地が完成するわけです。

　次は、隣りの倉庫（ウェアハウス）へ。広い広い倉庫の中は、まるでタータン生地屋さん！　棚という棚に、所狭しと、タータンが並んでいます。生地にはもちろん、名前がしっかりと明記されています。ロイヤル・スチュアート、ブラック・ウォッチ、クラン・マクドナルド……。これは、あれはなんていうタータンだろう？　私の目はあちら、こちらへ、キョロキョロ泳ぎまくりです。

　「ロッカロンでは700種のタータンを扱っているのよ」。700種！　ヴィヴィアン・ウエストウッド、ラルフ・ローレン、ポール・スミスといった有名デザイナーをたくさん顧客に持っていることも、レベッカさんは話してくれます。大きなビジネスなのだと改めて恐れ入りました。

　倉庫の奥では、タータンのふちをフリンジにする作業が行われていました。これは機械ではできないのだそうです。どんなに機械化が進んでも、人の技術はすたれることはないのだなあ、と感じます。

　キルトをはいたおじさんが、スタッフと話し込んでいます。どうやら新しいキルトを注文に来た様子——。この倉庫では、気に入ったタータンを自由に購入することができます。こんなにたくさんあったら、どれを選んでよいか迷ってしまいます。嬉しい悲鳴とはこういうこと。

　タータン生地は、お客さんの希望に沿って、さまざまな商品に変身していくわけです。ここから、始まるんですね。倉庫を飛び出して、世界へ、そしてもちろん、日本へも。

コンピュータで印刷された、タータンの色のバリエーション、糸見本、生地見本、あらゆるファッション雑誌、試作品——。一つのタータン商品ができていくまでの、まさにクリエイティブな現場

　ガラス張りで、日光が差し込む明るいデザイナールーム。ショップのようにおしゃれで、貼りついて眺めていたら、特別に見せくれました。デザイナーのドーンさんが笑顔で迎えてくれます。タータンを商品化する仕事は、デザイナーの腕の見せ所。大変だけれどやりがいのある仕事だと、ドーンさん。「特に、新しいタータンを商品にしていくプロセスは、新しい歴史を作っていっているように思えてとても楽しいわ。その歴史の一部に自分が携わっているのですものね」。「タータンの魅力をどこに感じますか？」と聞くと、やはりその歴史が一番だといいます。「タータンは過去と現在を、また海外に住むスコットランド人とその故郷とをつないでくれます。誇りを持って身につけられるすばらしい遺産です」。ドーンさんは目をキラキラさせて話してくれました。次のファッション・コレクションを控えているドーンさんは、真剣なまなざしで仕事に戻っていきました。

ドーンさんは20年以上携わっているベテラン。自分専用の机というものはなく、あちこち移動しながら仕事をしているとか

1と2、書斎をイメージした落ち着きのある一角は、メンズ・コーナー。ブックカバーが全部違う柄のタータンになっています！ なんて素敵！ 自分の本棚もこんなふうにしたいな　3、試着室です！ 試着しなくても入りたくなってしまうキュートな小部屋です　4、洋服やグッズのディスプレイにまでこだわっている、おしゃれな店内。見ているだけでハッピーになれます　5と6、ダイアナ元妃を追悼して作られた〈ダイアナ・メモリアル・タータン〉。最初に作られたのはブルーが基調、現在はピンクのバージョンも出ています。このタータン商品の売上金の一部は慈善事業にまわされます

Waverley Mill, Dunsdale Road, Selkirk, TD7 5DZ
(0)1750 726100
http://www.lochcarron.com

スコッツ・ビュー　Scott's View

　ガイドブックに写真が載っていたのでどんな風景かわかっていたものの、実際に目の当たりにすると、「うわぁあぁあぁ〜〜〜〜っ‼」以外の言葉が見つかりません。行った時間が 20 時頃、夏のスコットランドでは日没は 22 時あたりなのでまだ夕方です。ちょうど西日が木々の影を山肌に落とし、きれいな光と影のコントラストができていました。そのやわらかな感じ、いつまでも見ていても飽きません。置いてあったベンチに座って、ひととき、ぼーっと見つめていました。

　作家ウォルター・スコットは馬車を駆って、よくこの場所に来ていたそうです。スコットお気に入りの、心休まる絶景ポイント。ここに近づくと、馬は指示を出さなくても自然に停まったとか。スコットが亡くなってから 170 年以上経っていますが、土地が持つ波動というか、景色の力というか、そういう根底にあるものは変わらずに残っていて、そこに人の深い思いが加わって、人の心を動かしているのでは、と思うのです。

修道院めぐり

　ボーダーズで毛織物の生産が発達したのは、大きな修道院がいくつもあったから。12世紀から、13世紀にかけて、修道院に住んでいた修道僧たちが、羊を飼って、羊毛を糸にし、毛織物を作ったのが始まりになったのです。しかし、そうした立派な修道院も、今はほとんど廃墟。イングランドとの戦いによって、あのヘンリー八世の宗教改革によって、破壊されたからです。以前は大きく、威容を誇っていたであろう修道院の朽ち果てた姿、黙ってたたずむ姿に無常を感じると同時に、無の中にある独特の美に、目を見張ってしまいます。

メルローズ・アビー　Melrose Abbey

　現在見られる建物は14世紀末のもの。背後に緑の丘陵地が望める、気持ちのよい場所で、修道僧たちが祈ったり、庭を手入れしたり、毛織物を作っている様子を想像しながら散策することができました。ウォルター・スコットの『最後の吟遊詩人の歌』は真夜中のメルローズ修道院が舞台。「もしもあなたが美しいメルローズ修道院を正しく眺めたいのなら、淡い月の光のも

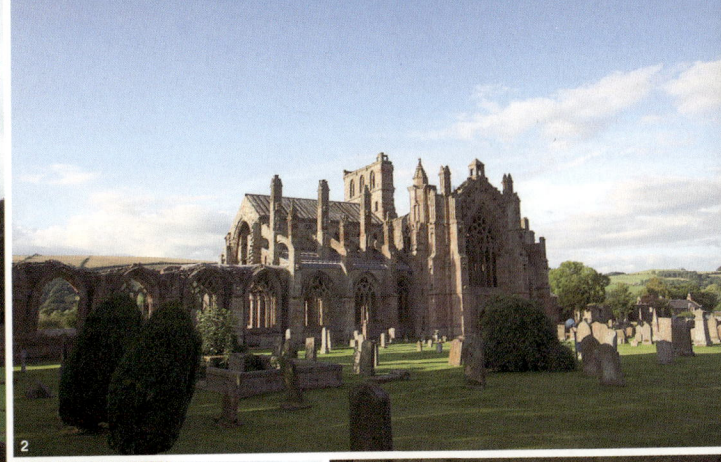

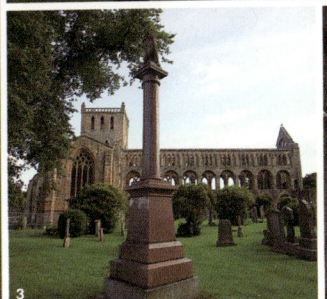

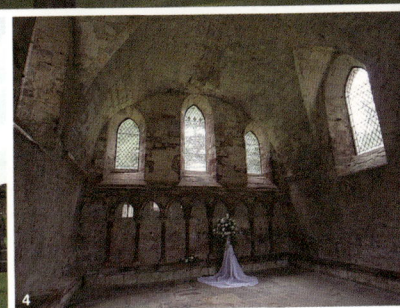

1と2、メルローズ・アビー　3、ジェッドバラ・アビー　4、ドライバラ・アビー

とで」とうたわれています。月夜の修道院、ぜひとも見てみたいと思いつつ、日暮れが遅いので、疲れて眠っていました(スコット本人も一度も夜の修道院を訪れたことがなかったそうですよ)。

ジェッドバラ・アビー　Jedburgh Abbey

　ボーダーズで一番規模が大きかった修道院ですが、残っているのは壁の一部と土台石だけ。閉門後だったので中に入ることはできませんでしたが、丘の上に建つその立派な姿は遠くからでもはっきり眺められました。

ドライバラ・アビー　Dryburgh Abbey

　ほかの二つと違って、丘をのぼった奥地にひっそりと建っています(道を間違ったのではないかと不安になるほど入っていきました)。あいにくの雨。修道士の歌声テープが静かに響いています。観光客も数人しかいなかったおかげで、その情緒をたっぷりと味わうことができました。

カントリーハウス

　カントリーハウスは、貴族などの上流階級が田舎に持っていた大邸宅のこと。着るものも食べるものも、インテリアも、すべてが別世界の上流階級。自分とは無縁の世界だからこそよけいに憧れてしまいます。

トラクェア・ハウス　Traquair House

　現在のトラクェア・ハウスの建物は17世紀のものですが、もっと古くから王侯貴族の狩猟時の宿泊所(ハンティング・ロッジ)として使われていました。トラクェア伯爵家が本宅としてからは、現在もその子孫のマクスウェル・スチュアートが住んでいます。ここにはスコットランド王家——1107年にはアレグザンダー一世、1566年にはスコットランドの女王メアリーが夫のダーンリとともに訪れていて、メアリー女王が使ったベッドや、手掛けた刺繍など、ゆかりのある品物が目を引きます。

　レストランでランチをしていると、向かいのテーブルでは紳士がハギスをおいしそうに食べています。ハギスはスコットランドを代表する伝統料理で、羊のひき肉、細かく刻んだ羊の内臓、オートミールを羊の胃袋に入れてゆでたもの。くせのある味は、大好きになる人と苦手という人とに分かれるようです。私は以前食べた時、思ったよりおいしい、と思いましたがまた食べたいと思うほどでは……。

1、人が住む城（城に分類されることもあるようです。確かに、建物はフランスのシャトー風）としてはスコットランドで一番古いそうです　2、友人が頼んだクリーム・ティー。アフタヌーン・ティーやハイ・ティーは、これにサンドイッチやケーキなどがついて食事に近くなります　3、1745年のコテッジ（農家の家）を利用した趣あるレストラン　4、私が頼んだPloughman's Lunch（農夫の昼食）。スコティッシュ・チーズの盛り合わせがとてもおいしかった！

Innerleithen, Peeblesshire, EH44 6PW
(0)1896 830323
http://www.traquair.co.uk/

メラーステイン・ハウス　Mellerstain House

　　1725〜1778年にわたって建てられた、ハディントン伯爵家の大邸宅で、現在も子孫が住んでいます。館の外観はけっこう地味なのですが、館内はかなりゴージャスです。でも今日の目的は、ガーデン！

　　庭園、ガーデニング王国といえば、イングランド。18世紀には、〈風景式庭園〉というイングランド独自の庭のスタイルを生み出しました。一方スコットランドは、独特の庭のスタイルを生むことはなく、名園といわれる庭園の数も、イングランドにくらべればずうっと少ない。でも、スコットランドの庭だって、負けないくらいきれいです。それに！　スコットランドが自慢していいことがあります。もともとイングランドに自生する植物や樹木の種類はとても少なかった。スコットランド人が、その数を増やし、美しい庭園に変えたのでした。18〜19世紀、世界中を回って、イングランドやスコットランドに自生しない珍しい樹木や植物、果物を探し出して輸入し、庭園で育てて売ったのが〈プラントハンター〉といわれる狩人で、そのほとんどがスコットランド人でした。

1、周りの森の中にも散策路があり、歩いて回れば一時間ではとても足りません。ガーデンでは時間を忘れてくつろぐのが鉄則、ですね　2、18世紀のわらぶき屋根のコテッジ。物語から抜け出したかのよう

庭園は、お城やカントリーハウスにつきもの。庭の大きさやデザインが権力や財力を表していたからです。庭にも流行があって、さまざまなスタイルの庭が生まれました。この館の庭は、イタリアのテラス式。もとの形は1909年に11代ハディントン伯が作ったそうですから、すでに100年。庭を一望できるテラスから、階段をおりていくと花が咲き乱れる花壇。そして広々とした芝生、向こうには湖が横たわっています。衝動的に子どもみたいに走ってしまいました。

1、ハミルトン（ハディントン伯爵家）・タータンのサッシュを発見　2、公開日が限られているのでＨＰをチェックして

Gordon, Berwickshire, TD3 6LG
(0)1573 410225
http://www.mellerstain.com/

アボッツフォード・ハウス　Abbotsford House

　ウォルター・スコットの記念館。スコットが、1811年に購入した土地に建てた中世風のカントリーハウスです。理想の家にするためスコットは惜しみない費用をかけました。

　スコットはタータン・プロデューサーとも呼べる人物です（21p）。スコット自身はエディンバラで生まれ育ったローランド人なので、タータンになじみはありませんでした。だからこそ一族の結束を強く印象づける、美しい色合いのタータンはまぶしく、うらやましい存在だったのではないでしょうか。

　タータンが大流行し、スコットランド全体の象徴となったあとには、クラン・スコットのタータンが作られました。＜スコット・グリーン＞という緑と青のタータンは、スコット自身がデザインしたタータンだそうです。残念ながら、そうしたタータンは展示されていませんでしたが、スコットが身につけていたズボンを見つけました。これはシェパード・チェック（羊飼いが着ていた、白黒二色の単純チェック）、素材はボーダーズ特産のツイードでしょう。

理想の家にするため、スコットはかける費用を惜しみませんでした（そのため多額の借金が……）

ロブ・ロイの剣

ボニー・プリンス・チャーリーの巻き毛

スコットの肖像画と、スコットの書斎。壁いっぱいにつくられた本棚、図書館のようです

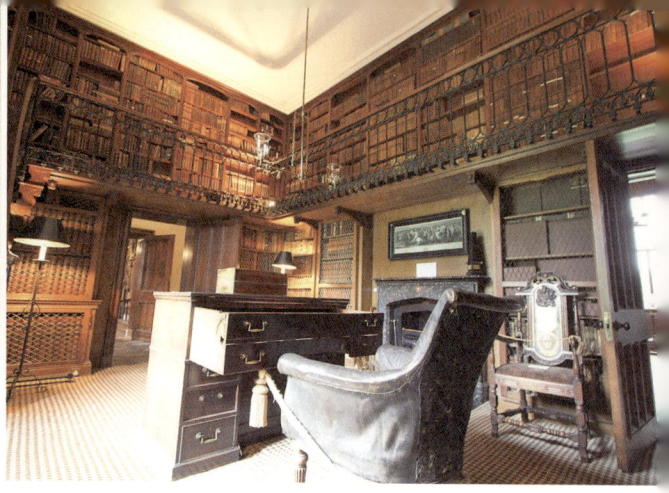

　スコットは小さい頃、病気の治療のためボーダーズの祖父の家で過ごし、美しい土地柄が大好きになりました。ボーダーズに伝わる伝説や昔話、歴史の逸話などにも惹かれたそうです。"歴史小説の父"とも呼ばれたスコット。歴史を調べながら骨董品も収集していました。それらが記念館の中にびっしりと飾られていて、博物館といってもいいほどです！　ロブ・ロイの剣、フローラ・マクドナルドが作った財布、カロデンで戦った兵士のポケットにあったオートケーキのかけら、チャールズ一世の髪の毛の入った指輪……。そこに秘められた歴史に思いを馳せました。

Abbotsford, Melrose, Roxburghshire, TD6 9BQ
(0)1896 752043
http://www.scottsabbotsford.co.uk/

アボッツフォード・ハウスは庭園の美しさでも知られています

泊まる ～古城と B&B～

　スコットランドには古城がたくさん残っています。数は 1000 くらい（廃墟も含めると 1500 ～ 3000）あるそうです。観光施設としてだけでなく、宿泊施設として使われていたり、レストランになっていたり。いろんな角度から古城の魅力が味わえます。古城ホテルは料金がお高くなりますが、せっかくスコットランドに来たのですから何泊かは贅沢してみようと思います。

古城
ボースウィック・カッスル・ホテル　Borthwick Castle Hotel

　ボースウィックは、スコットランド女王メアリーと関係が深く、かつ、タータンの部屋があります！　しかも天蓋付きベッド！　しかも最上階、眺めも最高です。テレビもラジオもなく、まさに数百年前の歴史の舞台にタイムトリップです！

　城は、初代ボースウィック卿によって 1430 年に建てられました。メアリー女王がよく訪ねてきたそうです。ボズウェルと再婚し、追われる身になってしまったメアリーはこの城に逃げ込み、夜、貴族 1000 人近くに城を取り囲まれると、小姓の格好をして窓から脱走しました。「メアリー女王の幽霊が今も出るんですよ」とスタッフに笑顔で言われ、見たいような、見たくないような。幽霊が出るという"おまけ"は、こちらでは大人気だそうです。怖い話はまったくだめな私ですが、メアリー女王には会ってみたい……。

メアリーはこのグレートホールの窓から逃げ出した。暖炉は縦 6 m、幅 4.5m

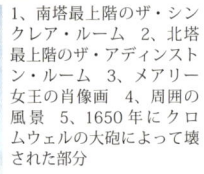

1、南塔最上階のザ・シンクレア・ルーム　2、北塔最上階のザ・アディンストン・ルーム　3、メアリー女王の肖像画　4、周囲の風景　5、1650年にクロムウェルの大砲によって壊された部分

位置的には中部に入るのですが、エディンバラから車で30分ほど南下したあたりなのでボーダーズ観光と組み合わせて

North Middleton, Midlothian, EH23 4QY
(0)1875 820514
http://www.borthwickcastle.com

カッスル・ベンロー　Castle Venlaw

　1742年の築。小塔がついたバロニアル・スタイル、こぢんまりとした大きさがプライベート感をくすぐります。私はレストランのほうを利用しました。食事のコースは、2コースと3コースがあり、2コースはスターターとメイン料理、3コースはそれにデザートがつきます。料理の量が多く、2コースでも食べきれないことはわかっていましたが、古城のディナームードを壊さぬよう、お昼を少なくしてスタンバイしました。雰囲気も味も存分にいただき、デザートの入る余地はやはりなくなってしまいました。残念ですがデザートは別の機会に！

スターターは、スコットランド名産のスモーク・サーモン。サーモンのおいしさはお墨付き。メインはサーモンとタラの焼き物。スコットランドは海の幸が豊富です。
http://www.venlaw.co.uk/

50

B&B

　古い建物のＢ＆Ｂを見つけるのはとても簡単です。古い建物ですからきしんだり、少しへこんでいだり、シャワーの出が悪いこともありますが、それも古さの証し、歴史の一部だと楽しんでいます。

ファウホープ・ハウス　Fauhope House

　メルローズの町から、トゥイード川をはさんだ向かいの高台にありますが場所がわからず、迷って違う家に入ってしまいました。ちょうど夫人が帰ってこられて「宿の奥さんとは友達なの」と笑って、行き方を教えてくれます。夫人の後ろにはバラが咲く庭があり、迷い込んだ時から目が釘付け。「ぶしつけですが庭を見せていただけないですか」とおそるおそる尋ねると、「どうぞ、どうぞ！」と快く応じてくれました。

　庭のすばらしさに加え、そこからの眺めといったら！　メルローズの町と丘陵の大パノラマ。「ほら、二つの丘が見えるでしょ。あの後ろにもう一つ丘があって、その三つを合わせてスリー・ヒルって呼んでいるの。ローマ軍が昔あそこにいて、その跡も残っているのよ。アーサー王があそこで戦って、地下には王の墓があるっていう人もいるわ」。夫人は川向こうにそびえるイールドン丘陵を指さして丁寧に説明してくれます。

　ファウホープ・ハウスは森の中にたたずむお屋敷です。アーツ＆クラフツ運動の建築家が1897年に建てたという家は小塔があってそれはロマンチック。しかも私の部屋はその小塔にありました！　白とピンクのお部屋、窓からはイールドン丘陵が、木立の間からはメルローズ・アビーがのぞけます。

Gattonside, Melrose,
Roxburghshire, TD6 9LU
(0)1896 823184
www.fauhopehouse.com

1、迷い込んだ夫人の家　2、部屋からの眺め　3、小塔の部屋。HPの写真ではベッドの上にタータンがかかっていたのですが、夏ははずしてしまうそう

1、この農場の茶色の羊は辺りでは珍しいオランダの Zwartbles（ズワルトブレス）という品種
2、ファームへ向かう道。登った先でどんな景色が見えるでしょう、わくわくします

ライン・ファームハウス　Lyne Farmhouse

　スコットランドは酪農や織物業がさかんなので、農場（ファーム）B&B に泊まり、その暮らしぶりをのぞくのが楽しみです。タータンの原料となる毛を提供してくれる羊たち。そばで見てもとてもかわいい。ライン・ファームは羊、馬、牛を扱っている現役農場。広さは1300エーカー。1エーカーは約1224坪なので……約160万坪ということです!!!

　農場で迎える朝の爽やかさが好きです。早朝、トラクターに乗った宿のおじさんが草原を走っているのが窓から見えました。そのあと、羊や牛たちは一斉にいなくなってしまいました。白い鳥の集団がざあっと舞い降り、そしてまた飛び立っていきます。動物たちの消えた草原は、しっとりと静かな表情でした。

　宿の奥さんに、タータンが好きだと告げると「ツイードは好き？　ロッカロンの近くにアンドリュー・エリオットというツイードの生地工場があってね、見学できるようになっているのよ」と耳寄りな情報を教えてくれました。

石造りの母屋は1850年の築。1900年頃建てられたコテッジの方にも泊まれます※自炊（セルフ・ケータリング）です。

Peebles, EH45 8NR
(0)1721 740255
http://www.lynefarm.co.uk

パティースヒル・ファームハウス
Patieshill Farmhouse B&B

　ボーダーズののどかな風景から離れることなく、1時間以内でスターリングに行くことができるちょうどいい場所を探していて見つけました。ペントランド丘陵のふところにある羊農場です。ここも丘をずんずん登っていったところにあり、振り返った景色は悲鳴が出るほどの絶景！　家の裏手の丘の名前がパティーズヒルといい、海抜は約520ｍ。絶えず吹き抜ける風も心地よく、何度も深呼吸しました。

　パティーズヒルを、手に届くほどの近さに見ながらの朝食はいつも以上においしく感じられます。天気もよく、すばらしい1日の始まりに、宿の奥さんがしてくれた素敵な話。「この家は17世紀に建てられたのだけど、最近修復した時にね、ローマ時代の貯水池が裏手で見つかったのよ。その時代にもここに人が住んでいたってことでしょ？　感動ね」

Carlops, Penicuik, EH26 9NB
(0)1968 660551
http://www.patieshillfarm.co.uk

1、丘陵地に抱かれた母屋　2、ミネラルウォーターとクッキーのラベルがタータンです。さりげなくかわいい　3、クローゼットの中に、寒かった時のためにと、たくさんのタータンのブランケットがしまってありました　4、窓からも羊の姿が間近かに

COLUMN

スコットランドの 朝食(ブレックファースト)

　イングランドではイングリッシュ・ブレックファーストと言い、スコットランドではスコティッシュ・ブレックファーストと呼びます。どちらも、トーストに、卵（焼き方は選べます）、ベーコン、ソーセージ、ベイクド・ビーンズ、ベイクド・トマト、ベイクド・マッシュルームが出るのは変わりません。が、"スコティッシュ"な朝食には、スコットランドならではのメニューがあります。

✣ ポリッジ
　オート麦を煮たお粥です。好みで牛乳や砂糖あるいはハチミツなどを入れて食べます。牛乳はすでに入っていることが多かったです。パン食に飽きてしまい食欲を失いかけた私の、ありがたい非常食（？）となってくれました。塩だけで食べると、日本のお粥とほとんど変わりません。私の一番のお気に入りです。

✣ ニシンの燻製（キッパー）か、コダラ（ハドック）の燻製を焼いたもの
　ちょっとしょっぱいですが、日本の焼き魚と変わりません。ポリッジと燻製の焼き魚を頼めば、なんちゃって日本食！　卵や肉に飽きてしまった私の、これまた非常食（？）となりました。

✣ ポテトスコーン（タティー・スコーンともいう）
　小麦粉とじゃがいも、バターを混ぜて焼いたもの。形はパンケーキのように丸いか、扇形。味はほとんどないので、バターを塗って食べたり、卵やベーコンと一緒に食べます。

✣ ブラック・プディング
　豚の血や脂肪、オートミールなどのシリアル類に、玉ねぎやスパイスなどを混ぜて作った黒いソーセージ。おいしいのですがだんだんくどく感じてきます。

　メインの前にフルーツやヨーグルト、シリアルが出るところもあり、ボリュームたっぷり（すぎ）。私の場合、ポリッジ、魚か卵のどちらか（魚は2枚、卵は2個が普通のようなので半分に）、そしてマッシュルームとトマト。これで十分でした。大きなお皿の上にぽっちりの量で、見た目は悪かったけれど……。

1、真ん中の黒いのがブラック・プディング、右上の扇形のがポテトスコーン　2、最初に出てくるポリッジ。食べ終わらないと、次の魚や卵のプレートが出てきません。日本式に全部一緒に持ってきてほしいと頼むと、必ず「一緒に⁈」と、ものすごく驚かれます（スコットランドではコース制の食事方式が当たり前だからでしょう）　3、キッパー　4、フル・ブレックファーストにはフルーツジュースと、生のフルーツ、ヨーグルト、シリアルなどがつくボリュームです

Chapter
3
スコットランドめぐり　〜中部編〜

Scotland
Edinburgh

ブレア・アソル
クイーンズ・ヒュー
ドラモンド庭園
ピトロッホリー
クーランダラック
ダンケルド
ダンディー
オーバン
キリン
クリーフ
パース
カランダー
スターリング
リース
グラスゴー
エディンバラ
アラン島

中部について

セントラル・ローランドは、首都のエディンバラをはじめ、グラスゴーやダンディーなどの大きな都市が集中し、スコットランド人口の5分の4が住んでいます。文化や経済のうえでも、また、北にはハイランド、南にはサザン・アップランドをひかえた地理的にも、スコットランドの中心地なのです。

そのため古くから王宮が開かれ、歴史に残る物語が繰り広げられてきました。スコットランドを知るうえで見逃せない史跡が集中しています。そんな華やかな文化や歴史の香りを味わえる以上に魅力的なのが、田園風景です。平らなローランドでは遮るもののない緑がどこまでも広がり、川がゆっくりと流れ、きらめく湖がそこかしこに顔を出します。ハイランドに近づいていけば、丘や木々に隠れるように、かわいらしい村が現れます。気取らない素朴な雰囲気、スコットランドのさまざまな表情を見ることができるのです。

長い戦いで何度も攻撃され、破壊と修復が繰り返し行われました。現在の建物は15〜16世紀にかけてつくられたもの

王座の間。王座（レプリカ）に座って記念撮影ができます

タータンが見られるのは城の中の軍事博物館

スコットランドの独立を果たしたロバート・ブルースの像

Castle Wynd, Stirling, FK8 1EJ
(0)1786 450000
http://www.historic-scotland.gov.uk/

スターリング城　Stirling Castle

「スターリングを制する者はスコットランドを制する」といわれたほど重要な町、スターリング。イングランドとの長い戦いの中でも、特にスコットランドが勝利した二つの戦いの舞台になりました。ウィリアム・ウォレス、そしてそれに続いたロバート・ザ・ブルースは、ここでイングランド軍を破りました（映画でもおなじみの戦いです）。

　フォース川とスターリングの町を見下ろす、カッスル・ヒルとよばれる岩山に建つスターリング城は、エディンバラ城とそっくり（どちらも要塞として建てられたので場所の条件が同じ）！　11〜17世紀まではスコットランド王の居城の一つとして使われ、スコットランド女王の戴冠式がメアリーが生後わずか9か月の時に、メアリーの息子ジェームズ六世の洗礼式と戴冠式もここで行われました。後に息子と引き離されるメアリーですが、この城では数年間一緒に過ごしています。きっと幸せな時間だったことでしょう。

ミニDVD付きのこんな素敵な絵ハガキを見つけました。私は旅先から、必ず"自分"宛てにもハガキを出すことにしています。何よりの記念になるんですよ

スターリング城をはじめ多くの歴史遺産を管理するヒストリック・スコットランドの新しいキャラクター・ローリー

歴史に名を残す面々の肖像画が並んだ、タータンの定規。インチとセンチ、両方刻まれています

1、とにかく城からの眺めは360度すばらしく、見とれてしまいます。遠くにそびえているのはウィリアム・ウォレスを記念した塔、ウォレス・モニュメント（上ることができます）　2、ウィリアム・ウォレスが1297年に勝利を収めたスターリング・ブリッジ。ウォレスの時代の橋ではありません、当時の橋は木製で幅がとても狭かったそうで、その橋がどこに架かっていたかも不明です。でも15〜16世紀前半に作られたこのオールド・ブリッジから、ウォレスの勝利を"想像"できますよね？　3、オールド・ブリッジからスターリング城を見上げるのも風情があります

ドラモンド庭園　Drummond Gardens

　スターリング・オールド・ブリッジのすぐそばのベーカリーで野菜たっぷりのサンドイッチをテイクアウト。ドラモンド庭園の前で、開門を今か今かと待ちます。13時きっかり、少しずつ開いていく門にドキドキします。ここは映画『ロブ・ロイ』で、モントローズ公爵の庭としてロケされた庭園。この映画が大好きな私は、ただでさえ興奮しています。

　受付を抜けると、そこはテラスの最上階……手すりに近づくと、放射状の庭園が目の中に飛び込んできました。この形は……そう、スコットランドの国旗セント・アンドルー・クロス。刺繍のような植え込みは、フランスの技法"パルテール"です。左右対称に、少しの乱れもなく計算され尽くした整形ガーデン(フォーマル)。庭向こうに野シカの姿。そんな自然の森さえ庭園の一部にし、庭は彼方にまで広がっているように見えます。それまで降っていた雨があがり、雲間から光が顔をのぞかせ、濡れた大地や木々や階段に輝きを与えました。

Muthill, Crieff, PH7 4HZ
(0)1764 681433
http://www.drummondcastlegardens.co.uk/

伯爵家の城だった建物は残念ながら公開されていませんが、庭から見上げていると遠い昔へタイムトリップできます

タータン・オーソリティ　Scottish Tartans Authority

　クリーフの町を通りかかったときに「Scottish Tartans Authority」の文字を発見。タータン登記所ができる前に、タータンの登録＆認可を行なっていた団体の一つです。ガラスや陶器工房を併設する大きなクリーフ・ビジターセンターがありました。お土産をゲットしたあとオーソリティーの事務所を覗いてみました。タータンの敷物、タータンの椅子、古いタータンの手織り機、タータンの生地見本帳……。棚に飾ってあるのはすべてタータングッズです！　これはショップ？　ミニ博物館？　あまりの嬉しさに体が震えました。誰もいませんが、奥は事務所です。思い切って中に入り、ハロー！　と声をかけると、スタッフが出てきてくれました。

　ここはオーソリティーの事務所ですが、その活動と、タータンをもっと知ってもらうために一部を展示室にしたのだそうです。

飾ってあるグッズはすべて購入できるというので、隅から隅までチェック。いつもは固く縛ってある財布の紐を思い切りほどいてお買い物をしました

Muthill Road, Crieff, PH7 4HQ
(0)1764 655444
http://www.tartansauthority.com

ハイランド・ゲームズ Highland Games

　ハイランドに伝わる、スポーツやダンスの伝統的な競技大会。ハイランド・ギャザリングともいいます。5月から9月にかけてあちこちで開かれます。今回はキリン・インターナショナル・ハイランド・ゲームズを訪れました。

　バグパイプのコンテストが30分前に始まっているはずの時間でしたが、会場はがらんとして、スタートする気配もなし。午後にブレア城での乗馬を予約したため、お昼過ぎまでしかいられない私の気は焦ります。オープンしていた露店でお買い物をしているうち、ようやく始まりました。大人より子どもや若者の姿が多く、緊張しているのがこちらまで伝わってきます。ちょっと苦しそうな顔で、曲が息継ぎのために途切れることも。バグパイプは肺活量が必要で、見ているよりもずっと難しい楽器だそうです。

　予定では12時から重量競技が始まる予定でしたが、これまたまったく動きなし。丸太投げ、大石投げ、大分銅投げ、ハンマー投げを基本とする重量競技はゲームズの大きな見せ場、もともとはクランチーフが強いボディガードを見つけるために始めたのだとか。その後にはパレード、ハイランド・ダンスのコンテスト、丘マラソンと、ゲームズはこれからなのに、もう出発しなければなりません。教訓：ゲームズは丸一日ゆったりと構えて見るべし。

1、丸太投げ（caber toss）。丸太を一回転させ、12時の方向にできるだけ近く着地させる　2、賑やかな露店　3、綱引き（tug of war）© Britainonview　4、大石投げ。重さは約7.2kgと約9.9kgの二種類ある。© Britainonview/ Andy Sewell　5と6、バグパイプのコンテストに出場する子どもたち　7、左側のテントが審査員ブース。審査は入場してくるところからスタート

ブレア城　Blair Castle

　ブレア城は1269年以来、アソル公爵家が所有。所有地(エステート)は14万5千エーカー以上でアクティビティも充実しています。スコットランドの自然を体験したいけれど、体力に自信がない私は乗馬をすることに。馬の歩みはゆっくりなので、思いきって2時間コースを選んだのは正解でした。森の中だけでなく、湖を横に見ながら草原を抜け、丘にあがり、はるか向こうのムーアまで見渡した時には、自分が馬と自然と一体になったかのような恍惚感。

　乗馬のあとはダッシュで城の見学へ。どの施設も閉館の30分前には入場を止めてしまうので、急がねばなりません。閉館までもう1時間をきっており、スタッフにも閉館時間を何度も念を押されました。
　ブレア城は、見学できる部屋が30以上もあり、タータンのコレクションもたくさんありました。製造中止になったため現存する商品の価値が高まっている〈モークリン製品〉は、一つでいいから欲しい（買えなくてもせめて手に取るだけでも）と思っている私の憧れですが、アンティークショップを回っても見つけることができなかったレアもの。それがひと棚を使ってずらっと並んでいるのです！
　初代公爵の息子（1746年のカロデンの戦いに参加し、ロンドン塔に幽閉されて亡くなった）の名前がついた部屋は、ジャコバイトたちへの追悼の思

いが込められており、ベッドも絨毯もタータンです。

18世紀頃、王の護衛隊が着たというタータンの制服も見つけました。"Hard（硬い）Tartan"と書いてあります。ごわごわした粗い生地のタータンのことだと思いますが、遠くて質感がわからず（もっと手前に飾ってくれたらいいのに）。

チャールズ王子ゆかりの品の中に、ありました、彼が身につけたプレードの切れ端。ブレア城は、クレイヴァハウス（89p参照）率いるジャコバイトの反乱、1745年のジャコバイトの反乱でも占領され、歴史の重要な舞台となりました。敷地の森の中にも18世紀の石橋や、廃墟になった教会など、歴史の名残りを見ることができます。まだまだ味わい足りない、もう一度来ようと、決めました。

ギフトショップで買った、アソル・タータンの財布

1、城は17～18世紀にほぼ現在の姿になりました。ブレア城に滞在したヴィクトリア女王は、のちにアソル公爵に私有軍隊の組織を許可しました。この特権を持っているのは国内ではアソル公爵だけだそう。私有軍はアソル・ハイランダーズと呼ばれ、5月に総動員のパレードが開催されます　2、クジャクが芝生を自由に歩いていました

Blair Atholl, Pitlochry, Perthshire, PH18 5TL
(0)1796 481207
http://www.blair-castle.co.uk/

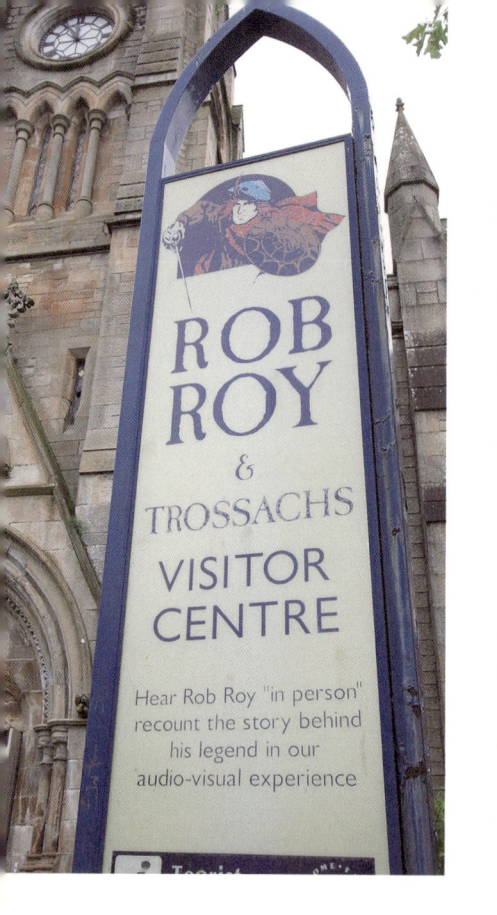

カランダー　Callander

　カランダーは私のお気に入りの町。中部を抜けてエディンバラへ向かう途中、ここでお昼にするのが楽しみです。A 82 号でグレンコーの山間を抜け、湖が点在するムーアへ。A 85 からA 84 号へ入り、スコットランド初の国立公園になったトロサックス国立公園をひた走ります。山、緑、湖、草原、羊。どこを見てもすがすがしい、ドライブルートです。

　途中、カランダーへ着くちょっと手前で、キルマホグ・ウーレンミルとトロサックス・ウーレンミルが並んでいました。Woollen Mill〈毛織物工場〉と名前のついたお店には、必ずタータンがあります！　工場を併設していたり、工場直売が売り。ここの裏手にも 250 年前の水車が残っていました。草原には羊がたわむれています。ベンチがあるので外で休憩するのも気持ちがいいです。

カランダーはこじんまりしていて歩きやすく、活気があります。かわいいお店も多く、クローズする前（何しろ閉店が早いので）に着けたので好きなだけ店内を物色（！）しました。タータンもたくさん見つけました。

　それまであまり見掛けなかった〈ハイ・ティー〉の看板も目につきます。スコットランド発祥のハイ・ティー、ずっと体験したかったのです。お昼はそれに決まり、と思ったら提供は16時から。ハイ・ティーは少し早目の夕食にあたるので納得しましたが、その時間までカランダーにいられません……。

　気を取り直して向かいのパン屋さんへ。おいしそうなパイがたくさん積み上げられている中にスコッチ・パイ（羊肉を使ったミートパイ）発見。「本日のスープ」はスコッチ・ブロス（羊の首肉、大麦、野菜を煮込んだ濃厚スープ）となっています！　どちらもスコットランドを代表する料理、両方注文しました。また車の中での昼食となりましたが、それを補ってもあまりあるほどのおいしさでした。

泊まる

クーランダラック　Cuil-an-Darraich

　ゲール語で〈オークの木の間〉という意味。貧民館として1860年代に建てられ、地域の100人以上の貧民が共同生活をしていたそうです。博物館として公開されていたこともありますが、現在はB&B。〈タータン・ルーム〉があったので、即決しました！　部屋に入ると、カーテンもベッドも、ティーカップもタータンです！　さらに私へのバースデープレゼントが！　取材＆宿泊が私の誕生日にあたっているのでよい記念になりますと、メールに書き添えたことを覚えていてくれたのでした。その心遣いに胸が熱くなりました。

1、ベッドがもうひとつあり、3～4人泊まれるファミリールームです　2、窓からの風景。テイ川と緑の丘

Logierait, Pitlochry, PH9 0LH
(0)1796 482750
http://www.scottishguesthouse.com

アソル・アームズ・ホテル
Atholl Arms Hotel

　1832年に建てられたこのホテルにはタータンの部屋がたくさんあります。私が頼んだツインのタータン・ルームは、ロイヤルスチュアート・ドレスで統一されていました。ロビーや廊下、パブの絨毯もタータン！　ホテルから出たくなくなってしまいます。

　ホテルのそばには同じ色のキルトをはいた若者たちの姿が。気になったものの、まずはお腹を満たします。

　食べ終わったのは20時半過ぎ。キルト姿の若者はもういないな……と思ったら、いました！「ギャザリングをやっているんです」。「私も見れますか？」「もちろん、すぐそこですよ」。裏手にある芝生の広場には、地元の人たちが大勢集まっていました。露店が並び、子どもたちが遊び、チケットの番号抽選で盛り上がっています。このギャザリングはブレアラソル村のお祭りでした。キルト姿の若者は、アソル・ジュニアパイプバンドのメンバー、でも演奏はとっくに終わっていて、お祭りも終了間近かです。聞けなかった記念にパイプバンドのCDとキーホルダーを購入。露店（というよりフリマ）にかけこみ、お買い物も楽しめました。ギリギリでしたが素朴なお祭りに出合え、感謝です。

Blair Atholl, Pitlochry, PH18 5SG
(0)1796 481205
http://www.athollarmshotel.co.uk/

1、ブレア城の門前で、ブレアラソル駅の真横という、絶好の場所にあります　2、泊まった部屋　3、バロニアルのダイニングホールはお城のような豪華さ　4、ホテルのロビー、廊下にもタータン　5、朝食はダイニングホールで

革にホテルのマークが刻印されている、大きくて重い鍵。由緒正しさを感じます

エディンバラ　Edinburgh

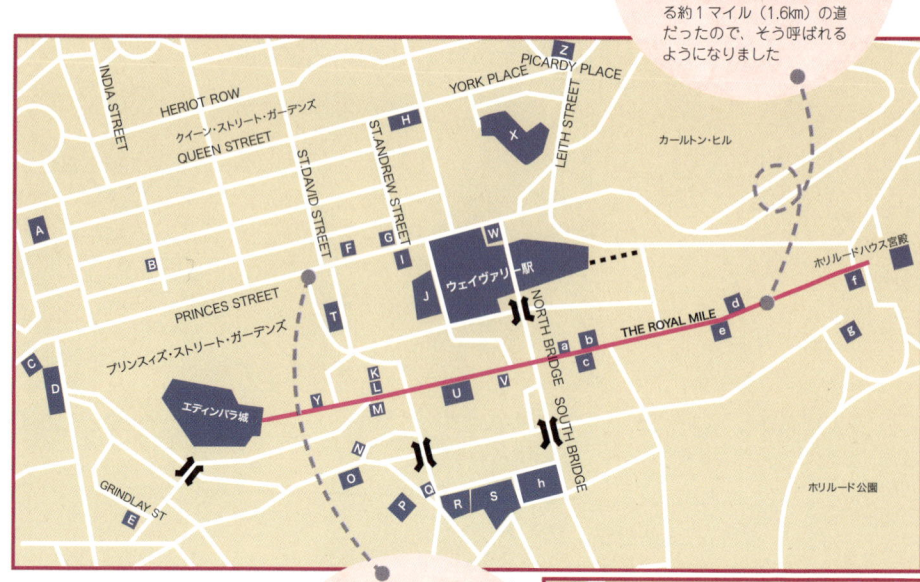

オールドタウンの目抜き通り〈ロイヤル・マイル〉。西の終点にはエディンバラ城、東の終点にはホリルードハウス宮殿。王室が行き来する約1マイル（1.6㎞）の道だったので、そう呼ばれるようになりました

環境への配慮と渋滞緩和のため、空港からエディンバラ、そしてリースを結ぶ路面電車が建設中（2011年完成予定）です

- A　ジョージアン・ハウス
- B　カッスルビュー・ゲストハウス
- C　エアリンクバス乗り場
- D　カレドニアン・ヒルトン・ホテル
- E　スタック・ポリー
- F　マークス＆スペンサー
- G　ジェナーズ
- H　スコティッシュ・ナショナル・ポートレート・ギャラリー
- I　スコット・モニュメント
- J　市内観光バス乗り場＆エアリンクバス乗り場
- K　作家博物館
- L　グラッドストンズ・ランド
- M　ネス
- N　アンタ（ファッション館）
- O　アンタ（インテリア館）
- P　グレイフライアーズ教会
- Q　ポビーの像
- R　スコットランド博物館
- S　ロイヤル博物館
- T　国立スコットランド美術館
- U　聖ジャイルズ大聖堂
- V　ロイヤル・マクレガー
- W　バルモラル・ホテル
- X　セント・ジェームズ・ショッピングセンター
- Y　タータン・ウィーピングミル
- Z　ハーツ
- a　オックスファム
- b　ジョン・ノックスの家
- c　子ども史博物館
- d　キャノンゲイト教会
- e　エディンバラ博物館
- f　スコットランド国会議事堂
- g　ダイナミック・アース
- h　エディンバラ大学

スコットランドの首都エディンバラ。ウェイヴァリー駅とプリンスィズ・ストリート・ガーデンズを境に、北側のニュータウン（新市街）と、南側のオールドタウン（旧市街）に分けられます。旧市街の人口が激増したため、沼地だった北側を開拓し計画的に造りあげたのが新市街です。＜ニュー（新しい）＞とついていますが街ができたのは1700年代後半ですから、もう立派な古い街といえますね。ユネスコの世界遺産に登録されているのは、ニュータウンとオールドタウンを含めた街の中心部分。見事な調和が美しいと評価されたのでした。

先史時代から城砦が岩山の上につくられたことがよくわかります

エディンバラ城 Edinburgh Castle

　この城を見ずしてエディンバラは語れません。戦いの歴史の中で何度も破壊、再建、増改築が繰り返されてきました。1745年にチャールズ王子からの攻撃にさらされたのが、城をめぐる最後の攻防戦となりました。11世紀から王の居城として使われてきましたが、軍事的な要塞の役割が優先されたので"ごつい"印象です。遠くから見るにはりりしいのですが、近くへ行くと、バリアを張ってなかなか受け入れてもらえないオーラが……。エディンバラ城で必ず見てほしいのは、三種の宝器（王冠、御剣、王笏）と〈運命の石〉です。スコットランドの宝と石は何かを語りかけているように思え、じっと耳を傾けてしまいます。三種の宝器は1707年にイングランドと連合した時に封印され、ずっと後に宝器探索委員会（リーダーはなんとウォルター・スコット！）によって解かれました。伝説のような本当の話です。

Castle Hill, Edinburgh, EH1 2NG
(0)1312 259846
http://www.edinburghcastle.gov.uk/

1、城からの眺め。エディンは、ケルト語で「険しい丘」、バラは英語で「要塞・砦」の意味　2、「One O'clock Gun－ワン・オクロック・ガン」は、リース港で働く工員や船員たちに、時刻を知らせるために始まった慣行。1848年から始まり、現在も続いている　3、1457年、ベルギーのモンスで製造された大砲「モンス・メグ」。重さ6トン！　4、ここを抜けるとクラウン・スクエア　5、1110年に建てられた聖マーガレット礼拝堂は、城の建物の中の最古　6、聖マーガレット礼拝堂で結婚式を挙げていたカップル

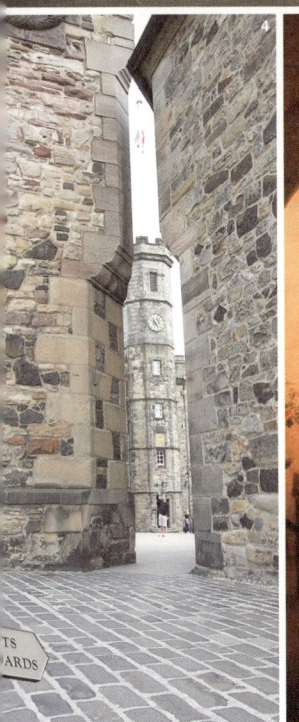

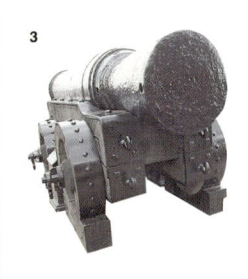

ホリルードハウス宮殿　The Palace of Holyroodhouse

　エディンバラ城が男性的なのに対して、こちらはとても女性的。スコットランドの女王メアリーがこちらのほうを好んで過ごしたというのもうなずけます。

　歴代スコットランド王の肖像画が100枚近くも飾ってあるグレート・ギャラリーはすばらしかったけれど、何より心に残ったのは王座の間。ジョージ四世がスコットランドを訪れた時、王はここで行われた歓迎会でロイヤルスチュアートの赤タータンを着て現れたのでした。王はまた、タータンをまとったクランを大勢率いてロイヤル・マイルをパレードしたそうです。さぞかし強烈な印象を与えたことでしょう。タータンが広まるきっかけになった出来事です。

1、エディンバラ城同様、戦争による破壊、再建が繰り返され、現在の建物は1671年のもの。今でも王室の宮殿として使われている。チャールズ王子が占拠しエディンバラ城を落とそうとしましたが失敗　2、タータンを身につけたスタッフ　3、かつての王がつくったホリルード修道院、現在は廃墟　4、宮殿の庭も広々として見事　5、この塔のメアリー女王の部屋で、秘書が目の前で殺害されるという悲劇が起った

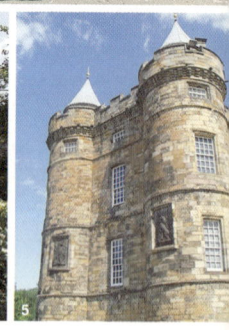

The Royal Mile, Edinburgh, EH8 8DX
(0)1315 565100
http://www.royalcollection.org.uk/

タータン・ウィービングミル＆エキシビション
Tartan Weaving Mill and Exhibition

　タータン製造工場と展示室、ギフトショップまでが一つになった、タータン博物館のようなところ。タータン好きにとっては天国です！

　エディンバラに来たら、必ずここに寄ります。迷ってしまうほど広くて、私は何時間いても飽きません。エキシビションでは、タータン・ファッションの移り変わりを時代を追って知ることができ、工場ではタータンが織られていく様子がリアルタイムで眺められます。全自動の織り機と比較できるよう、横には古い手織り機が置いてあり、各部の名称が日本語でも記してありました。おすすめはタータン衣装を着て記念写真が撮れるコーナー。女性用のドレスの種類も多く、よい記念になるのです。

555 Castlehill, The Royal Mile, Edinburgh, EH1 2ND
(0)1312 261555
http://www.geoffreykilts.co.uk/tartanweavingmill.html

エキシビションでタータンの歴史を学んだら、広いギフトショップでタータン・グッズをゲット。クラン・タータン以外の生地も揃っており、希望する長さで買えます

ビュースポット　〜エディンバラを高い所から眺める〜

　背が低い私はいつも見上げてばかりいるので、見晴らしのよい高い場所に行って気持ちを解放したくなります。世界遺産になったエディンバラの街を見下ろす、眺めのいいスポットを集めてみました。見る角度が変わるだけで、新しい発見があります。

ホリルード公園
Holyrood park

もとは王室の狩猟場だった、起伏の激しい丘陵地帯。650エーカーという広大な公園になっています。アーサーズ・シート（死火山）からの眺めがすばらしいのですが、そこまで行くにはかなり上ります（きついので体力のある時にね）。

カールトン・ヒル
Calton Hill

ニュータウンの東側にある小高い丘で、散策路がきちんと整備されています。ホリルード宮殿、アーサーズ・シートも一望。高さ32m（階段143段）のネルソン・モニュメントにも登れるので、さらに高い所からの絶景が味わえます。

市内観光バス

日本語のオーディオガイドがついているシティ・サイトシーイングに乗りました。晴れた日に、2階の屋根なしの席に座り、日光と風を感じながらエディンバラ市内を"上から目線で"観光する気分のよさといったら！　私は2周（1周目は街並みの把握、2周目は気に入った場所の撮影）続けて乗って、大満足。道が混んでいるのでちっとも進みませんがその分じっくり周りを見ることができたのでかえってよかった。バスには営業時間内なら何度でも、どこからでも乗り降り自由なので便利ですよ。

スコット・モニュメント
Scott Monument

ウェイヴァリー駅のすぐそば、プリンスィズ・ストリート・ガーデンズに建つ、作家ウォルター・スコットを記念した塔。遠くからもひときわ目立つ存在です（作家の記念塔としては世界最大とか）。高さは61m（階段287段）。塔にほどこされた装飾にもほれぼれします。

サクラ・タータン

　日本をイメージしたタータンを作られた志津恵・メルヴィンさんにお会いしました。タータン制作を思いついたのはご主人のお父さんとその友達でタータン生地デザイナーのデイヴィッド・マクギルさん。国際結婚した二人を見て「日本のタータンがあればいいな」と思ったそう。そうしてジャパニーズ・タータンが出来上がりましたが、志津恵さんは日本人の感性で作ったらもっと違うイメージのタータンになると感じ〈サクラ・タータン〉が誕生しました。日本人女性にも似合う淡くかわいい色です。外国のタータンも数多くデザインしているデイヴィッドさんは「その国の国旗は一番参考になります。自分も"タータン家族"の仲間なんだ！　と感じてもらえるデザインを心がけています。出来たタータンはオーソドックスな使い方に限らず、もっと自由な発想で使ってもらえたら最高に嬉しい。タータンは使ってこそ楽しいもの、作れる商品もたくさんあるでしょう？」。

春・sakura tartan

日本を象徴する花・桜。スコットランドの桜とは微妙に違う。ピンク色が決まるまで苦労したそう

女性用キルトスカート。デイヴィットさんがあとから作った他の3バージョンは日本の四季にも合います。1. 夏 (butterfly tartan) 2. 秋（Japanese tartan) 3. 冬 (chrysanthemum tartan)

http://www.sakurascotland.com/

スコットランドの桜はこんな色です
(撮影：志津恵 Melvin)

志津恵さんと、ディヴィットさん。ディヴィットさんのネクタイは日本タータンです

美術館＆博物館めぐり

国立美術館、博物館、肖像美術館(ポートレート・ギャラリー)は嬉しいことに無料、でもとても広いので1日ではとても無理です。エディンバラには興味をそそられる小さな博物館も多いので、見たい所ばかりでいつも時間が足りません。

国立スコットランド博物館　National Museum of Scotland

ロイヤル博物館と隣りあっています。地下から上の階に向かって紹介している時代があがっていきます。ジャコバイトの反乱があった時代や、ヴィクトリア朝のフロアでタータンものをいろいろ見つけましたよ。

> Chambers Street, Edinburgh, EH1 1JF
> (0)1312 257534
> http://www.nms.ac.uk/

国立スコットランド美術館
National Gallery of Scotland

ラファエル、エル・グレコ、レンブラント、ゴッホなど、ルネッサンス期から印象派後期までのヨーロッパ芸術家の作品を展示。それもゆっくり見たかったのですが、せっかくスコットランドに来たので地下のスコットランド美術を中心に見てきました。絵画は実物を見るのが一番ですね。

1、地下のカフェから公園が眺められます　2、ギリシャ風の美しい建物は1840年代のもの

> The Mound, Edinburgh, EH2 2EL
> (0) 1316 246200
> http://www.nationalgalleries.org/

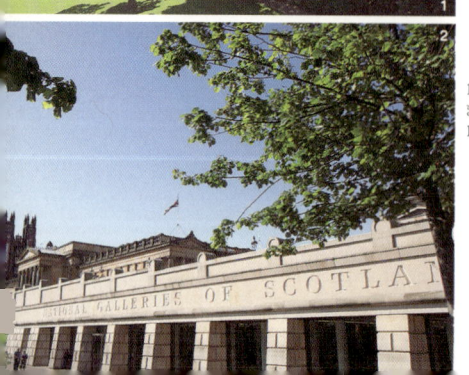

グラッドストーンズ・ランド　Gladstone's Land

　裕福な商人トーマス・グラッドストーンが1617年に購入した、6階建ての館。一部を賃貸住宅として貸し、そこには異なった階級の人たちが住んでいたのだとか。オールドタウンの当時の集合賃貸住宅がどんな様子だったのかがうかがえます。1階には当時のローンマーケットにたくさん並んでいた生地屋の店構えが復元。ランドというのは細長くて狭い土地の上の建物をさすそうです。

477b Lawnmarket, Edinburgh, EH1 2NT
(0)1312 265856
http://www.nts.org.uk/Property/25/

ジョージアン・ハウス　Georgian House

　グラッドストーンズ・ランドより100年ほど後に建てられた、ジョージ王朝時代のタウンハウス。人口が密集し、ごみごみしたオールドタウンの狭い賃貸住宅とは違い、ニュータウンの裕福な人々は優雅で美しい一戸建てに住んでいました。どんな暮らしだったかを再現したビデオを見られるので、実によくわかります。

7 Charlotte Sq, Edinburgh, EH2 4DR
(0)1312 263289
http://www.nts.org.uk/Property/56/

当時の衣装を彷彿とさせるドレス姿のスタッフ

有名な建築家が設計した美しい建物。正面はローマの宮殿風です

子どもの体験用ですが、羽根ペンを使ってみました

ミニミニ・インフォメーション 1

　英語が苦手なので日本語オーディオガイドに助けられました。ありがたいことにホリルードハウス宮殿やカロデンの戦場などは入場料に含まれています。ジョージアン・ハウスやグラッドストーンズ・ランドのように日本語の説明書を備えている所もあるのでチェックを。歴史研究家の興味深い解説を聴きながらロイヤル・マイルを自分のペースで歩けるこんな日本語オーディオガードを発見。

www.realhistorytalks.com

ミニミニ・インフォメーション２

　市場やフリーマーケット（こちらではカーブーツセールと言います）が大好き。土日に行なわれることが多いので、よーくチェックします。エディンバラのファーマーズ・マーケットは、スコットランドの新鮮な食材が並びます。エディンバラ城を眺めながらのショッピングが楽しい。

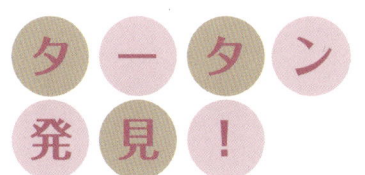

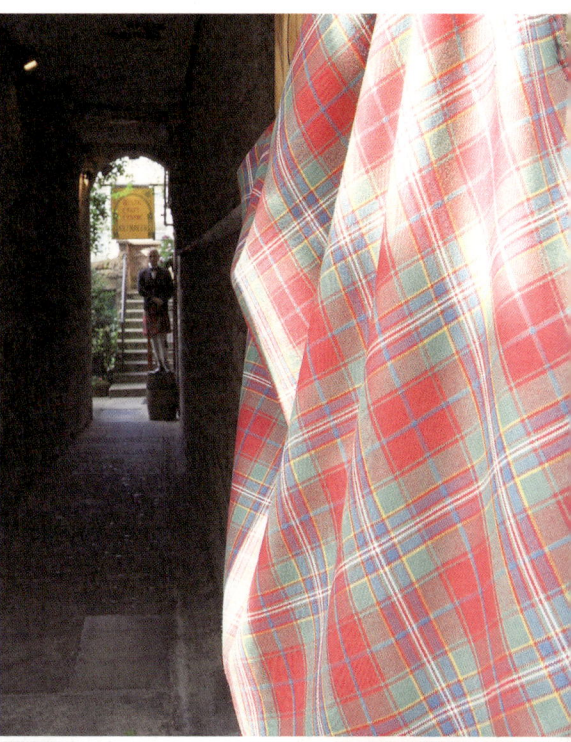

タータン発見！

タータンのお店

アンタ　Anta

　絶対に行くと誓っていた店です！「ANTA」というのは建築学の専門用語だそうですが、デザイナーのアニー・スチュアートさんは「価値がある」「気が利いた」「他とは際立った」という意味で使っています。タータンを日常生活の中に違和感なく取り入れられる色調にセンスよくアレンジし、インテリアにまで活かしたのは、アンタが最初ではないかと思います。タータンを暮らしの中にトータルに取り入れたいと話すアニーさん。「伝統的なクラン・タータンを大事にしながら、デザイナーとして新しい演出をしてみたんです。タータンの色の組み合わせは、私の故郷スコットランドの風景に似た、ちょっとくすんだ、深みのある色が中心です。家の中にしっくりなじみ、落ち着きますでしょ？」
「材料にはできるだけスコットランド産と自然素材を使うようにしていま

1、落ち着いた色味なのでインテリアにもぴったり　2、ピンク系のタータン柄　3、豊富な生地見本　4、いろいろなタイプのバッグがあります　5、日本では馴染みのないビスチエ、着てみたい！

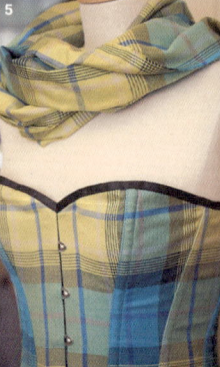

1、クロケッツ・ランドの建物は、アンタ・タータンの布で作ったフラッグで飾られています　2、男性にはネクタイがおすすめ　3、アニー・スチュアートさんはまるでアンタの妖精みたい

す。スコットランドの羊毛は硬いですが、その特徴をうまく活かせる商品に使っています」と微笑むアニーさんを見て、アンタの商品がご本人にそっくりであることに気づきました。

インテリア館：73 Grassmarket, Edinburgh, EH1 2HJ　(0)1312 259096
ファッション館：Crocket's Land, 91-93 West Bow, Victoria Street, Edinburgh, EH1 2JP　(0)1312 254616
http://www.anta.co.uk/

落ち着いたブルー系のタータン皿を購入！
ティーポットやマグなども揃えたい

ネス　Ness

　タータンを、目を引く鮮やかな色合いでスタイリッシュにアレンジした、エディンバラのファッション・ショップ。ヨーロッパの人々にとても人気があるそうです。若々しくモダンなデザイン、私ももうちょっと若かったら（！）ここの洋服をすぐにでも買ってしまったでしょう。洋服は無理そうですが、バッグや財布などの小物なら使えます。あちこちのギフトショップに置いてありましたよ。おしゃれでとてもかわいいです！

336-340 Lawnmarket, Royal Mile, Edinburgh, EH1 2PH　(0)1312 258815
367 High Street, Royal Mile, Edinburgh, EH1 2PH　(0)1312 265227
http://www.nessbypost.com/

エディンバラ・ミリタリー・タトゥー　Edinburgh Military Tattoo

　1950年以来、毎年8月に開かれている軍楽隊のショー。〈タトゥー〉は〈パレード、軍隊の行進〉という意味です。地元の人々も楽しみにしているというこのショーを、一度は見なくちゃタータン好きがすたります?!　チケット入手が困難と聞き、予約開始初日の開始時間（2008年12月1日10時）にパソコン前にスタンバイ。回線が混雑して1時間近くつながらず、それでも接続を続け──成功しました！　料金は安くありませんが、一番いい席をゲット。

　ライトアップされたエディンバラ城を背景に、タータンをまとったバグパイパーたちが少しの乱れもなく演奏行進してきました。鳥肌が立ちました。何百人いるのでしょう、これだけ集まるとその迫力たるや！　骨の中まで入りこむような音の響き。ハイランド・ダンサーの軽やかなステップ。夢のように華やかなひとときでした。

http://www.edinburgh-tattoo.co.uk/

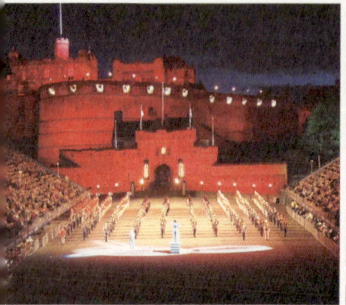

国の軍隊の音楽隊だけあって、一糸乱れぬピタリと合った動きは見事。ハイランド・ダンスも何十人ものダンサーが一斉に踊るので、ため息がもれるほど美しい。海外の軍楽隊がゲストに登場するなど、ショーの内容は盛りだくさんです。ショーの最後には花火があがり、気分は最高潮に達します

泊まる

キルドナン・ロッジ・ホテル
Kildonan Lodge Hotel

　1874年に建てられた石造りの家で、私の大好きなヴィクトリア朝の雰囲気に包まれています。タータンの部屋は二部屋あって、一部屋のベッドは天蓋つきです！ダイニングルームはレストランも兼ねていて、賞を受賞したことがあるシェフが腕を奮ってくれます（宿泊すればディナーが割引）。オールドタウンからバスで10分くらい。ちょっと離れますがバスの便は多く、無料の駐車場があるのでレンタカーの場合に便利です。

27 Craigmillar Park, Newington, Edinburgh, EH16 5PE
(0)1316 672793
http://www.kildonanlodgehotel.co.uk

グレンデール・ゲストハウス
Glendale Guest House

　キルドナン・ロッジ・ホテルのそばなのでやはりバスを使いました。ロジアン・バスはシートがエディンバラ・タータンなので乗るのが楽しいです！　ヴィクトリア朝の建物、そして階段にはタータンが敷き詰められています。ダイニングルームのテーブルクロスもタータン。ご主人はクラン・スチュアートですが、スチュアート・タータンはインテリアには明るすぎるのでブラック・ウォッチを使っているのだそうです。

5 Lady Road, Edinburgh, EH16 5PA
(0)1316 676588
http://www.glendaleguesthouse.co.uk/

無料駐車場あり。ガソリンスタンドが併設されているキャメロン・トール・ショッピングセンターが目の前にあるので、レンタカーを返却する際の給油に便利でした。

21 インディア・ストリート
21 India Street

　ご主人がクラン・マクファーソンの準族長(チーフテイン)となり、準族長夫人としてグレンチュレムの城を切り盛りしていたサンドラさん。ご主人が他界したため城を手放し、このタウンハウスに移りました。城から持ってきた由緒ある品々（当然ですがすべて本物）があちこちに飾られ、建物の中は美術館さながら。「これはジャコバイトの反乱の時に女性が携帯していた銃よ」などと言ってケースから銃を出して見せてくれるのです！

　B&Bの名前もついておらず、ゲストルームは二部屋だけ、とてもプライベートで贅沢な空間です。

私のリクエストに応えてマクファーソン・タータンを身につけてくれたサンドラさん。準族長夫人としての暮らしやクランの人々のことを本にまとめました。

21 India Street, Edinburgh, EH3 6HE
(0)1312 254353
http://www.twenty-one.co.uk

カッスル・ビュー・ゲストハウス
Castle View Guest House

　タータンはないのですが、どうしても泊まりたかった理由は『たのしい川べ』を書いた作家ケネス・グレアムの生家だったからです。私が泊まったバーンズ・ルームがまさにグレアムが生まれた部屋でした（でもなぜかバーンズの胸像がある）。そして、エディンバラ城が窓から見えます！　本当に気持ちのいい眺めです。

30 Castle Street, Edinburgh, EH2 3HT
(0)1312 265784
http://www.castleviewgh.co.uk

4階がゲストハウスのため、スーツケースを階段で上まで運ぶのが大変、でも眺めはすばらしい

スタック・ポリー　Stac Polly

　タータンのレストランを検索していて見つけ、喜びの悲鳴をあげてしまいました。店内の椅子、そしてカーテンはアンタのもの。シックで上品な雰囲気を盛り上げています。値段が張ろうが行こうと決めました！　ゲストハウスのおじさんはセント・メアリーズ・ストリートにあるスタック・ポリーの店が"ベリー・スコティッシュ！"で気に入っていると話してくれましたが、そちらにはアンタ・タータンのインテリアは一つもないのです（同じお店でも場所によって内装が違うんです）。18時半頃行ったら、一番乗りでした。こちらの人は夕食を取る時間が遅いので、予約でいっぱいの店であっても早い時間に行けば入れることも。アンタ・タータンは、ヘザーやアザミを思わせる紫を基調にしたパターンが使われています。スコットランドでとれた魚を使った創作料理もおいしく、大満足です。

8-10 Grindlay Street, Edinburgh, EH3 9AS
(0)1312 295405
http://www.stacpolly.co.uk

COLUMN

中央の肖像画が美男子で知られるクレイヴァハウス

スコットランドがわかる、味わえるおすすめの本

✣『さらわれたデービッド』
ロバート・スティーブンソン作／坂井晴彦訳／福音館書店／1972年

『宝島』『ジキル博士とハイド氏』で知られるスティーブンソンの、スコットランドを舞台にした冒険小説。1745年のジャコバイトの反乱から、6年後。ローランドで育ち、ハイランドをよく知らないデービッド少年は、おじの裏切りにあい、密貿易船に売られてしまう。デービッドはその船でジャコバイトのアラン・ブレック・スチュアートと出会い、二人で命からがら脱出。ハイランドの山々をさまよううち、殺人事件にまきこまれ、殺人の疑いをかけられた二人はハイランド中を逃げ回ります。アランは実在した人物で、殺人事件も実際にありました（アランはその殺人容疑をかけられて逃亡）。そうした事実をふまえた、リアル感たっぷりの、ハラハラドキドキの臨場感です！　映画化も何度もされています。

✣『はるかスコットランドの丘を越えて』原題：Bonnie Dundee
ローズマリー・サトクリフ作／早川敦子訳／ほるぷ出版／1994年

物語の舞台は17世紀。カベナンター（イングランド国教会にはむかう人々）の弾圧を任された騎兵隊将軍ジョン・グレアム・クレイヴァハウスは、容赦ない迫害と殺戮を行い、血も涙もない冷血漢として知られていました。しかしサトクリフは、リーダーとしての素質があって頭もよく、かつ、愛情もちゃんと持ち合わせている人間的なクレイヴァハウスを、自分の居場所、使える主を求める少年ヒューの眼差しと成長を通して描き出しました。クレイヴァハウスはのちに、ジャコバイトのリーダーとして反乱を起こします。描写の中に当然、ジャコバイトたちのタータンが出てくるので、その点を気にしつつ、じっくり読んでください。

スコットランドの歴史や文化がよくわかる解説書

✣『スコットランドXIの謎』
東浦義雄著／大修館書店／1988年

11のテーマをQ＆A方式でわかりやすく解説。タータンやキルトのQもありますよ。

✣『図説　スコットランド』
佐藤猛郎・岩田託子・富田理恵編著／河出書房新社／2005年

美しいカラー写真がたっぷり使われ、見て楽しく、読んでわかりやすくまとめられています。

✣『スコットランド　歴史を歩く』
高橋哲雄著／岩波新書／2004年

キルトとタータンについては一章使って解説、とても読みやすくおもしろいです。

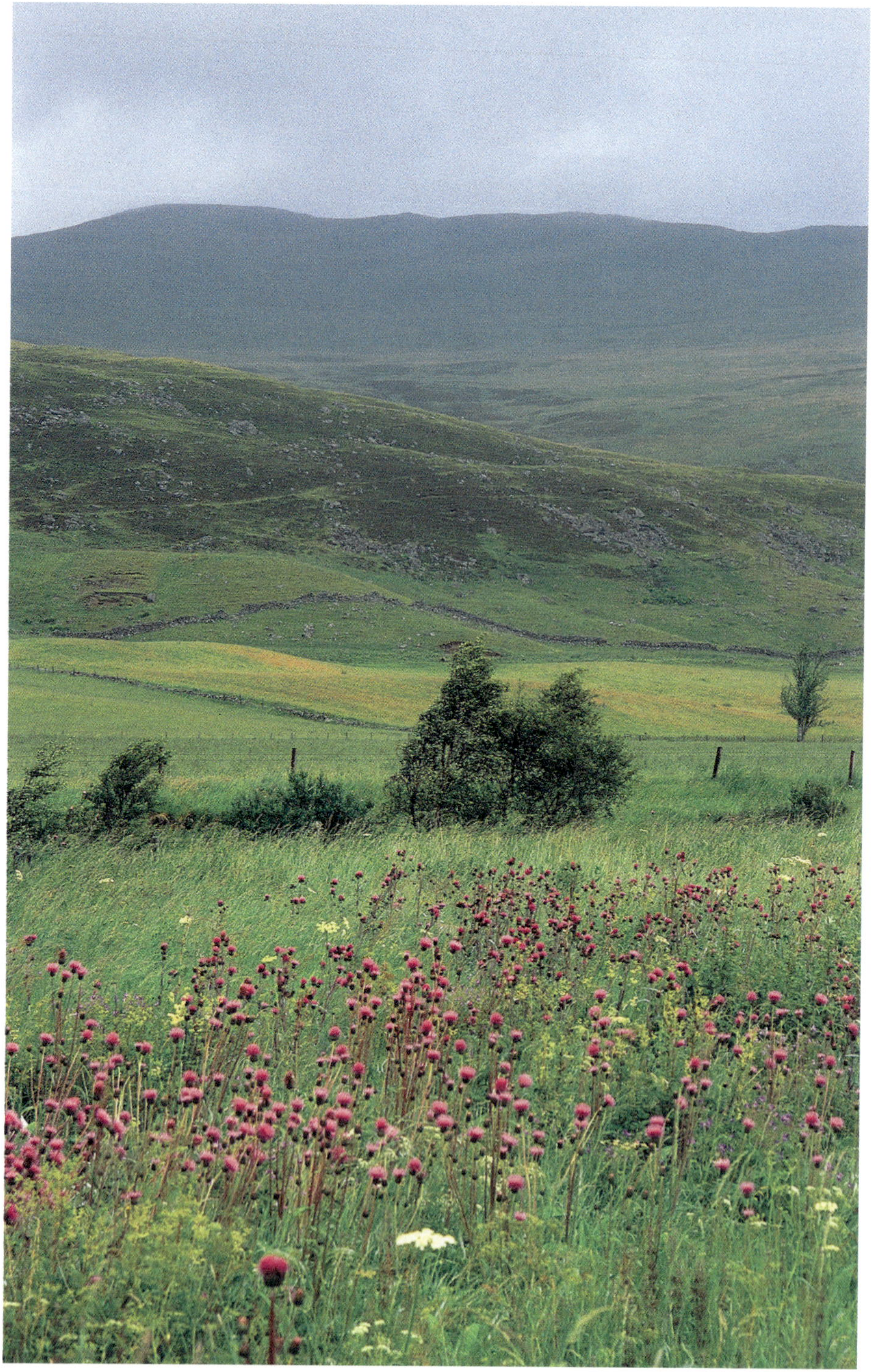

Chapter

4

スコットランドめぐり　〜北部編〜

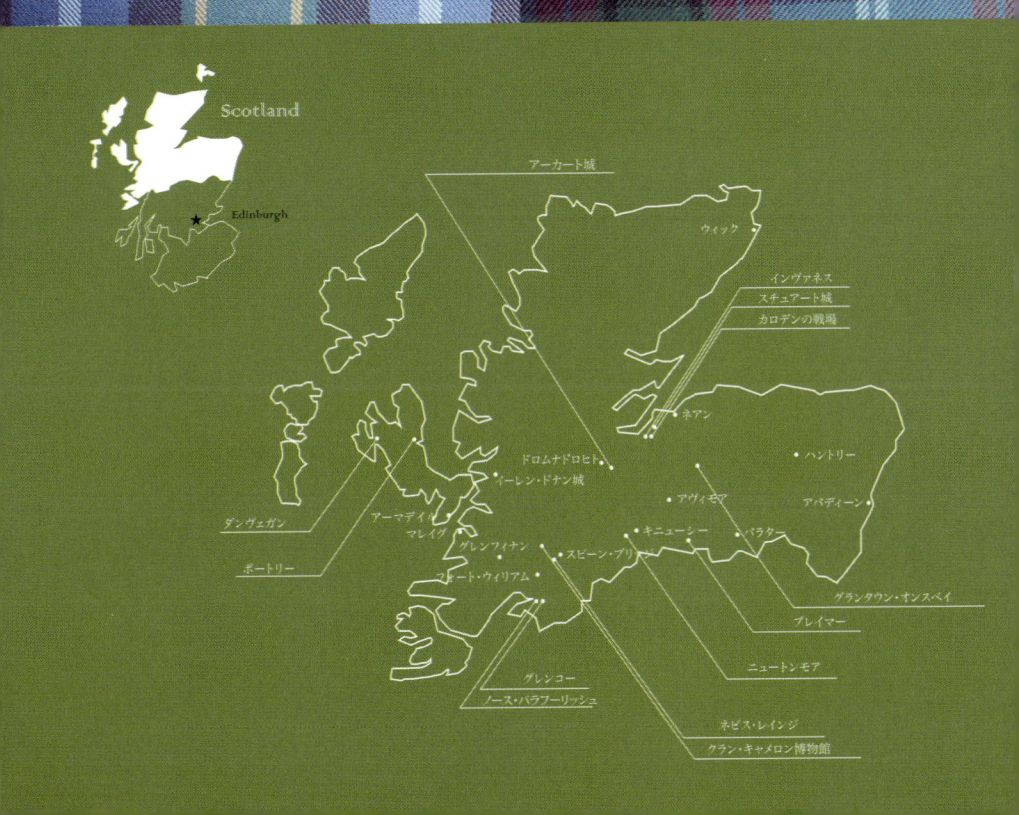

Scotland
Edinburgh

アーカート城
ウィック
インヴァネス
スチュアート城
カロデンの戦場
ネアン
ハントリー
ドロムナドロヒト
イーレン・ドナン城
アヴィモア
アバディーン
ダンヴェガン
アーマデイル
キニューシー
ブレマー
ポートリー
マレイグ
グレンフィナン
スピーン・ブリッ
グランタウン・オン・スペイ
フォート・ウィリアム
ブレイマー
グレンコー
ニュートンモア
ノース・バラワーリッシュ
ネビス・レインジ
クラン・キャメロン博物館

北部について

ハイランドの雄大さ、言葉を超えた自然美は、実際に目のあたりにしなければわからないと思います。迫ってくる怖いほどの緑や、ごつごつとしたあらわな山肌、吸い込まれていきそうに魅惑的な湖、雲間からさしてくる天使の梯子……。鳥肌がたつほど感じる自然への驚異や畏怖。
　そして、ハイランドに息づくケルト文化にも心を奪われます。ストーンサークルや石塚墳墓などがごく身近に存在し、妖精が今にも出てきそう。標識にはゲール語が併記され、パブなどで耳にするゲール語はまるで音楽のような響きです。

クラン・マクファースン博物館　Clan Macpherson Museum

　山々が重なり合うように連なるケアンゴームズ国立公園（UKで一番広い国立公園）に入ると、ハイランドらしさがますます濃くなっていきます。

　クランゆかりの場所に建つクラン博物館には、毎回できる限り訪れます。スコットランド独特のクランをもっと理解したいし、もちろんクラン・タータンも見たいから。マクファースン博物館はなんと入場料無料。クランの人々が財政面でもかなり協力しているのでしょう。会長のウィリアムさんに博物館の維持は大変？　と聞くと「私たちは組合を作っていて、強い結束で結ばれているのでそれほど大変ではないですよ。一族の一員であることは誇りです。族長（クランチーフ）がお父さんで、私たちはその子ども、みんな一つの家族。博物館の目的は一族の歴史をきちんと守って未来へ伝えること、そして現在活躍している一族の人々を応援し、自分もがんばっていこうと元気になること。みんなが楽しいなら、自分も楽しいでしょう？」。私は博物館の維持に少しでも役に立てればと、寄付箱にそっと心づけを入れました。

　この博物館がマクファースン一族でいっぱいになる時があります。年に一度の、クラン・ギャザリングです。スコットランドだけでなく海外に住むマクファースン一族も加わった何百人もが集まり、パレードやパーティなどを通して交流します。マクファースン一族は1745年のジャコバイトの反乱で、チャールズ王子側について戦っています。生き残った族長ユアンは伝説の人。王子からもらった謝礼金を自分は一銭ももらわずにすべてクランに分け与えたそうです。ユアンは9年間、洞窟に隠れたりしながら政府軍の追跡をかわしました。懸賞金を出されても、クランの者は誰一人裏切りませんでした。さすがです。

館長のルイサート・アルコーンさん。故郷のスコットランドが恋しくてオーストラリアから戻ってきたそうです。「キルトは私にとっての普段着。いつもはいていますよ、ガーデニングもこの格好でします」

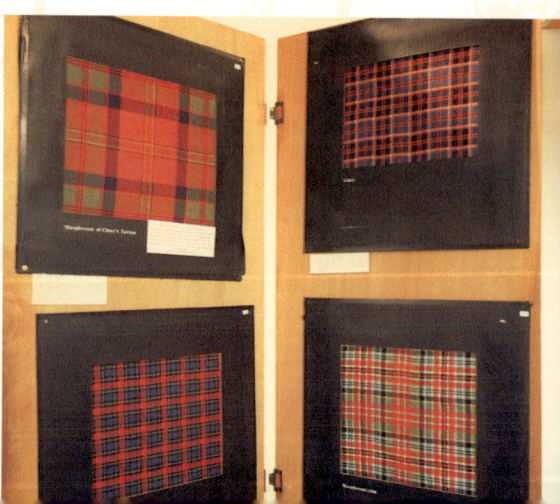

1、1882年に族長夫妻の結婚記念に作られた枝つき燭台。高さ120cmもある大きなもの　2、クラン・タータンは家族のユニフォームみたいなもの　3、ベルトにもクラン・クレストが。ワイルド・キャットとモットーの"Touch not the cat without a glove"　4、同じクランの中にも、さまざまなクレスト柄が存在します　5、クラン・マクファースンの蔵書票(エクスプレー)。かっこいい！

Main Street, Newtonmore, PH20 1DE
(0)1540 673332
http://www.clan-macpherson.org

ハイランド・フォーク・ミュージアム
Highland Folk Museum

古い時代の暮らしが再現されたハイランド・フォーク・ミュージアム。1700年代初頭の村で、当時の人々が着ていたタータン衣裳（男性はベルトでとめたプラッド、女性はドレスの上からタータンをはおる）を体験しました！
http://www.highlandfolk.com/

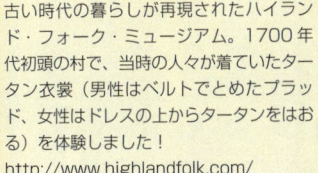

既婚の女性は頭に白い三角巾をつけますが未婚の女性は何もつけなかったそう。でも私は男性用の青い帽子をかぶっています

古城

バルモラル城　Balmoral Castle

　ヴィクトリア女王とその夫・アルバート公は 1842 年にハイランドを初めて訪れ、大変気に入って 1848 年にはバルモラル城一帯を買い取ります。城を新しく建て直した際、アルバート公は城のデザインだけでなくタータンにも興味を持ち、王室専用の〈バルモラル・タータン〉を考案、多くの部屋のカーペットや家具のカバー、使用人の制服などに使ったそうです。女王自身は〈ロイヤル・スチュアート〉の赤い縞を白に変えた〈ドレス・スチュアート〉を好んだとか。自身の部屋のカーペットやカーテン、家具の装飾にも〈ロイヤル・スチュアート〉のバリエーションを使いました。

http://www.balmoralcastle.com/

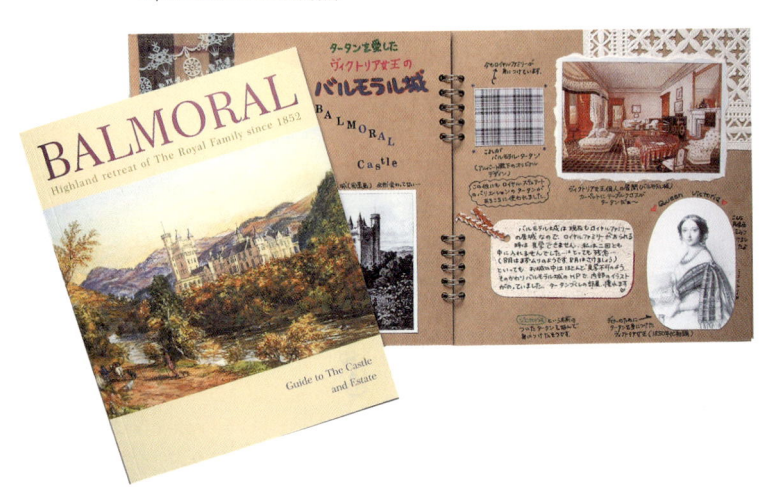

コーダー城　Cawder Castle

　この城には代々貴族が住み、現在もコーダー伯爵（キャンベル家：ハイランドの中でも由緒と歴史のあるクランの一つ）が住んでいます。跳ね橋を渡って城の中へ入っていくところや、城の隅につけられた円塔などが、絵本に出てくるお城みたいで、ロマンスの香りたっぷり。ハイランドで一番ロマンチックな城と呼ばれているのが納得できます。庭が美しいことでも有名で、私はガーデンで長い時間を過ごしました。

Nairn, IV12 5RD
(0) 1667 404401
http://www.cawdorcastle.com/

庭はとても広く、ワイルド・ガーデン、ウォールド・ガーデン、迷路などテーマごとに分かれています

カロデンの戦場　Culloden Battlefield

　1745 年、チャールズ王子はスコットランド王位奪還のため、ハイランダーを中心とするジャコバイト軍を率いて政府へ反旗を翻す。勢力はどんどん強まっていき、タータンは愛国心を表すものとして注目を集めました（エディンバラの店はタータンを"最新のパターン"として宣伝したとか）。しかし 1746 年、このムアで惨敗して終わります。ジャコバイト側の死者は政府軍の 20 倍の 1000 名余。その後の追撃戦でさらに 1000 名ほどが戦死したといいます。この後タータンをはじめ、ハイランドの文化とみなされるものは徹底的に禁止され、人々は弾圧されていくのです。カロデンの名がつくタータンは何種類もあります（25P 参照）が、どれも歴史の事実確認はされていません。

Culloden Moor, Inverness, IV2 5EU
http://www.nts.org.uk/Culloden/Home/

スタッフがハイランダーのデモンストレーションをやっていました。「あの人はハイランダーの格好をしているけどイングランド人よ」と隣りの老夫婦が私にそっと耳打ち。「しゃべり方でわかるわ」

泊まる

カロデンの戦場、コーダー城から近く、マリ湾を望む絶好のロケーション

スチュアート城 Castle stuart

　スコットランド女王メアリーが、腹違いの兄ジェームズ・スチュアートにこの土地を譲り、マリ伯爵の称号を与えたのが始まり。チャールズ王子がカロデンの戦い前の最後の夜をここで過ごしたともいわれています。1746年に壊されて以来、再建されず廃墟となっていたのを、カナダの実業家が復元し、タワーハウスが蘇りました。部屋にはモレーやマクドネルなど、チャールズ王子のために戦ったクランの名前がつけられ、そのクランのタータンで飾られているのがたまりません！　らせん階段のある塔に部屋がつくられていて、階段をのぼってバスルームに行くようなつくりになっていたり、小部屋が3つもついている部屋があったりと、どの部屋も個性的で、選ぶのが難しい！　気づけばあそこにもここにも、タータンが顔を出す、タータンづくしの城。卒倒しそうです。

　ここは古くから幽霊が出る城としても有名で、それを目当てに泊まる人も。こちらでは幽霊の出る家は貴重な家だという付加価値がつき、普通の家より高値で売れるのだとか。最近の幽霊ではなく、歴史的な人物だったり、著名人だったりする場合、家が史実の証明になるらしいのです。私は恨みつらみの幽霊はだめですが、霊的なものの存在は信じているので、目に見えないスピリチュアルなものを抵抗もなく受け入れ、価値を見出しているところは素敵だなあ、と思います。100年以上も前の建物や街並みが、当たり前に残っている中で暮らしているのだからそれも当然かもしれませんね。過去の歴史

1、3つの小部屋がある、東塔のMurray Room 2、西塔のMaclachlan Room 3、トイレにかかっていたスチュアート・タータンの時計 4、城にはおもしろいしかけが 5、グレート・ホール

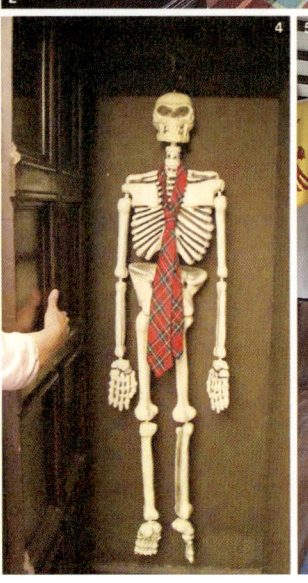

とともに自分の生活があること、ずっとつながってきていることを感じられる。古いものが、懐かしいとか、すごいとかいう感動の域を超えて、深く人々と結びついている環境に、私も住んでみたいとしみじみ思いました。

スチュアート・タータンで出迎えてくれたオーナー一家

Petty Parish, Inverness, IV2 7JH
(0)1463 790745
http://www.castlestuart.com/

インヴァネス Inverness

〈インヴァ〉は〈河口〉という意味で、インヴァネスは〈ネス川の河口〉ということ。空港もあり、ハイランドで一番大きな町です。私は川が町を見守るように流れる風景に弱く、このインヴァネスは一目でお気に入りの町となりました。町の中心をネス川がゆったりと流れていて、気持ちが落ち着きます。ここでは丸一日、ゆっくりと過ごすことにしました。中心部は混雑するので、車はゲストハウスに停めさせてもらい、歩いて回ります。観光もショッピングも、たっぷり楽しむことができました。

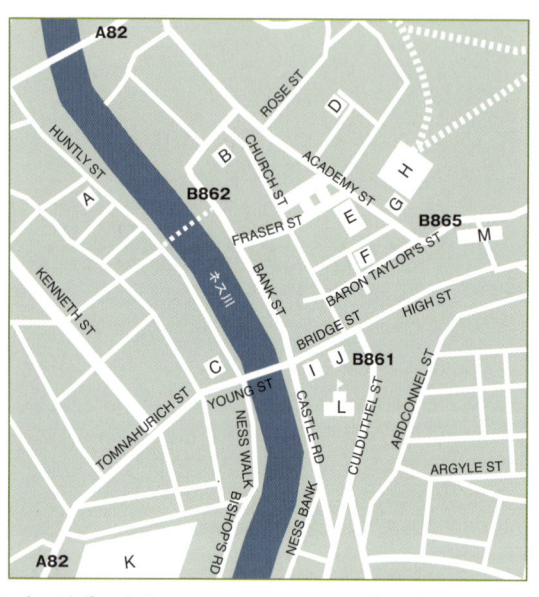

A ウエストボーン B&B
B リーキーズ・カフェ
C ハイランド・ハウスオブ・フレイザー
　（2F がキルトメーカー・ビジターセンター）
D スコティッシュ・ショータイム
　（センター・シアター）
E ヴィクトリアン・マーケット
F キャンサー・リサーチ
G ザ・ロイヤル・ハイランド・ホテル
H インヴァネス駅
I ジュディス・グルー
J インヴァネス博物館＆美術館
K ノーザン・ミーティング・パーク
　（インヴァネス・タトゥーの会場）
L インヴァネス城
M イーストゲート（ショッピングセンター）

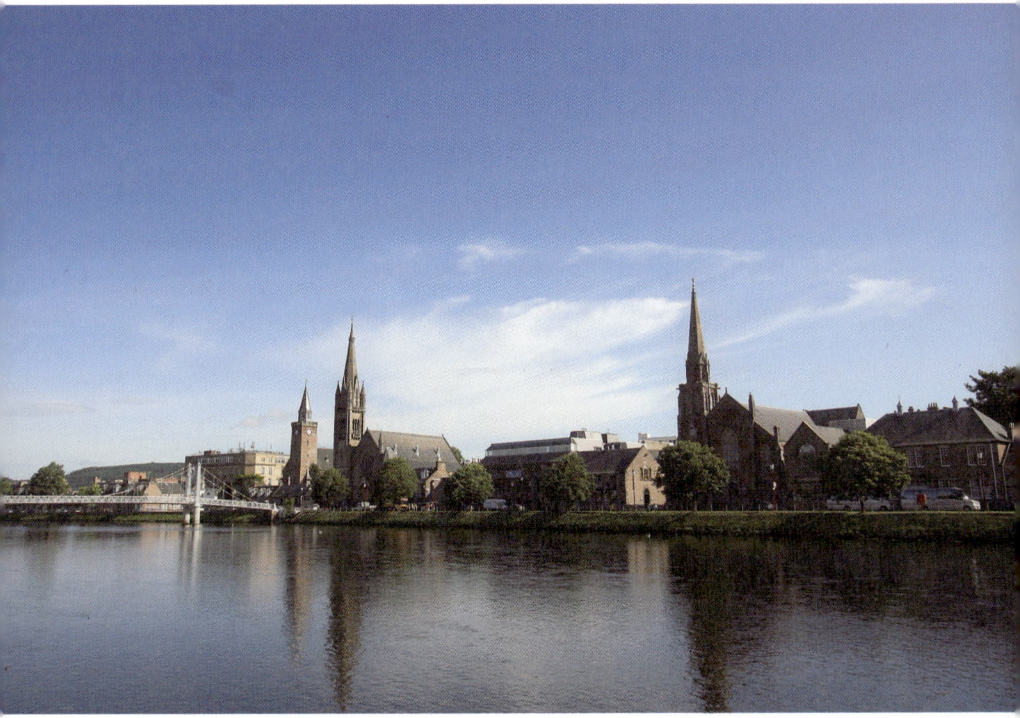

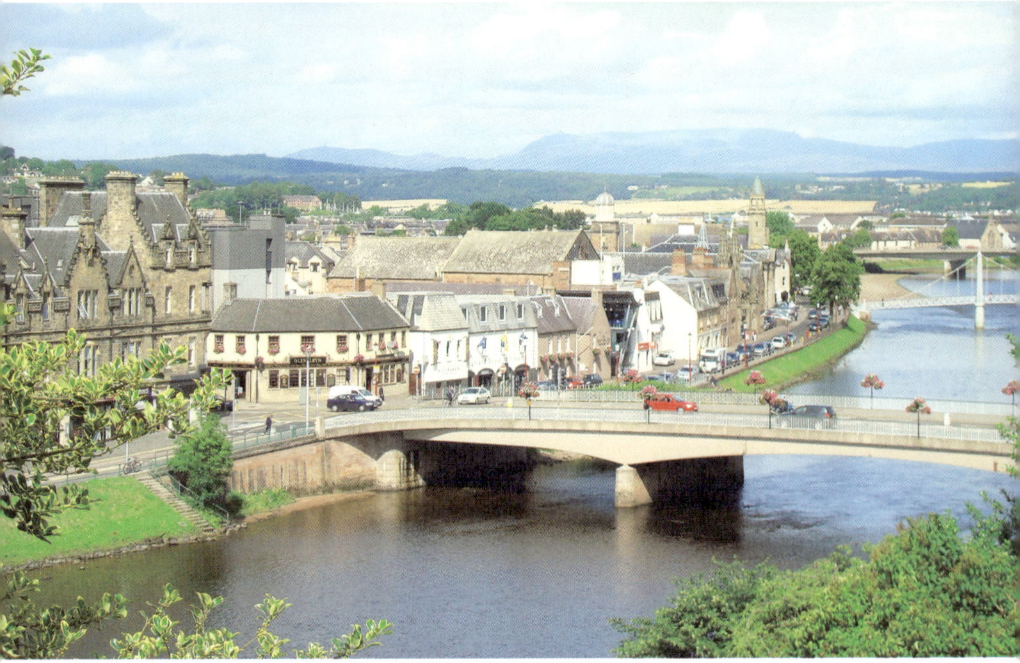

インヴァネス城 Inverness Castle

　まずは町のシンボル・インヴァネス城へ。ネス川を見下ろす高台に建っていて、眺めがとてもいいんです。もともとの城は破壊され、現在の建物は1834年に再建されたもの。裁判所として使われているので内部は見学できません。城の前に建つフローラ・マクドナルドの像に「また会えたね」と挨拶。フローラは、チャールズ王子の逃走を助けた勇敢な女性です。カロデンの戦いに敗れた王子は、政

府軍の追手から必死で逃げていました。本土を離れ、より安全なスカイ島への脱出を手助けしたのがフローラです。王子はフローラの召使に扮して女装し、無事島へ渡りました。しかし船の船頭が口を割ってしまったため、フローラは逮捕。釈放された後、ジャコバイトのヒロインとなったフローラを訪ねて多くの人がやってきましたが、脱走劇については何も語らなかったそうです。
　チャールズ王子はというと、危機一髪でスカイ島からフランスへ逃げ帰りました。しかしフランス王から追放され、イタリアに渡ります。なお王位を主張し続けましたがもう相手にしてくれる人はいませんでした。

インヴァネス博物館　Inverness Museum

　ハイランドの自然や考古学、歴史などを伝える博物館。クラン・マクファーソンのクレストに描かれているワイルド・キャットの実物（はく製）を見ることができました。また、ここにもありましたよ、チャールズ王子のプレードの切れ端（全体のデザインが見たいな～）。1785年にイザベラ・マクタビッシュが着たタータンのウエディングドレスとプレードには感動、まったく痛みが見られません。2005年にはイザベラの曾曾曾曾曾曾孫（!!!）が結婚式に着たそうです。代代大事に受け継がれた奇跡のドレスです。

Castle Wynd, Inverness, IV2 3EB
(0) 1463 237114
http://inverness.highland.museum/

イザベラのウエディングドレス

女性がタータンを留めるのに使ったリング・ブローチ。中世には小さくシンプルだったブローチ、後に大きく、装飾的になりました

インヴァネス・タトゥー　Inverness Tattoo

　インヴァネスでもタトゥーが行われています。1週間しかやらないこのショーを、幸運にも見ることができました。バグパイプ＆ドラム団、ハイランド・ダンス学校や軍事教練隊の若者、子どもバイクチーム（どうしてバイク？）、カントリー・ダンスグループによるパフォーマンスなど、地元のグループが中心となって行なわれます。バグパイプが始まるとみんなが足をどんどん踏み鳴らして曲に乗ります（これが盛り上がりを表すスタイルのよう）。観客も地元の人が多いようで、途中で飲み物を買いに行ったり、前まで出て行って写真を撮ったり。雰囲気は夏祭りか発表会のようにほのぼの。雨の夕方、気温もだいぶ寒い中、一生懸命楽しませてくれた参加者に心から拍手を送りました。

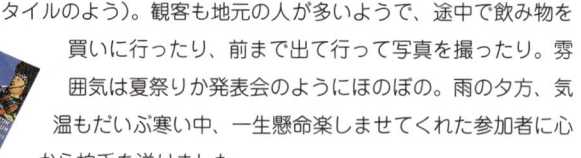

http://www.tattooinverness.org.uk

子どもバイクチームのパフォーマンス

パラシュートで降りてくる歩兵隊員

カナダからゲストで来たスコティッシュ・ダンサーたち

カフェ＆ゲストハウス

リーキーズ・カフェ　Leakey's Cafe and Book Shop

　1792年に建てられた教会を利用した、古本屋＆カフェ。こういう雰囲気、大好きです。疲れたらお茶をして、何時間でも本を見て過ごせます。古本は10万冊以上ありスコットランド一とか。時間がゆったり流れます。

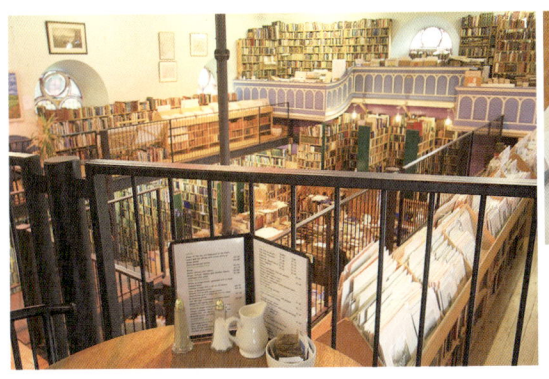

1、教会の痕跡があちこちに。カフェはアフタヌーン・ティも。クローズは16時半　2、たっぷりのスープ。パンがつくので、もうこれでおなかいっぱい

Greyfriars Hall, Church Street, Inverness, IV1 1EY
(0)1463 239947

タータンの本を見つけました！

ウエストボーン・ゲストハウス
Westbourne Guest House

　インヴァネスでは夜にスコティッシュ・ショータイムを観ることにしていたため、そこから一番近いこの宿に決めました。ネス川沿いにあってわかりやすく、クランの名前がついている部屋はすべてタータンで飾られているのも魅力です。部屋に置いてあったショートブレッドは奥様の手作りで、とてもおいしかった。

1、ダイニングルームのテーブルクロスと椅子が〈ホリルード〉タータンです
2、私が泊まったのはツインのブルース・ルーム

50 Huntly Street, Inverness, IV3 5HS
(0)1463 220700
http://www.westbourne.org.uk

スコティッシュ・キルトメーカー・ビジターセンター
Scottish Kiltmaker Visitor Centre

　キルト製造会社のハイランド・ハウス・オブ・フレイザーのお店の2階にある、キルトのミニ博物館。クラン・タータンがずらりと並んでいるのが迫力です。キルトがいつ頃できたのか、布はどのくらいの長さが必要なのか、プリーツの数は？　男性衣装の時代による変化など、キルトの歴史や種類が展示とビデオでわかるうえ、手縫いのキルト制作の実演も見ることができます。

　キルトのプリーツ、今はナイフプリーツ（同一方向に折る）がほとんどですが、ボックスプリーツ（襞山を左右外側に折る）が流行したこともありました。貧しい人々は少量の生地で作れるボックスプリーツしか作れなかったそうです。ナイフプリーツは生地をたくさん必要とします。男性用でだいたい8mほどの生地に、プリーツの数は25～34。入念に計算し、丁寧に作られていく手縫いの技術は、覚えるまで3～5年はかかるとか。お値段が張るのも当然ですし（それに重い！）、出来上がったキルトを直しながら代々着ていく習慣も納得がいきます。

　見学していると、あちこちにヘクター・ラッセルの名前が。もと経営していたキルトメーカーです……おそらく以前のものをそっくりそのまま残しているのでしょう（それもスコットランドらしさ?!）。

106

4-9 Huntly Street, Inverness, IV3 5PR
(0)1463 222781
http://www.highlandhouseoffraser.com/

キルトの付属品の一つ、スポラン（財布）。キルトが風にまいあがるのを抑える役割も。このタイプのスポランはフォーマルな場で身につける

ネス橋のたもとにあり、ショップにはお客がたえません。ありがたいことに夏の間は22時までオープンしています！

チャリティーショップ　Charity Shop

　スコットランドにはチャリティーショップ（恵まれない子どもや病気の人を助けるなどの目的のために寄付された商品を販売）がたくさんあります。OxfamやCancer Research、Save the Childrenなどの大きな団体のチャリティーショップはあちこちにあり、このインヴァネスでも見つけて入りました。洋服や靴は日本とサイズが違うので試着してみます。私は背が低いので中学生サイズでも入ります（ちょっと悲しい）。

ヴィクトリアン・マーケット
Victorian Market

　1870年に建てられたもとのマーケットが火事で焼けてしまい、1890年に再建されました。ヴィクトリア朝ムードたっぷりのアーケード街、40以上のお店が並んでいます。ギフトショップだけでなく、肉屋や花屋、ヘアショップや手芸店などいろいろあり、見て歩いているのがとても楽しいです。

http://www.invernessvictorianmarket.com/

ジュディス・グルー　Judith Glue

　本店はオークニー諸島にあり、インヴァネスの店は2008年にオープンしたばかりだそう。「人々が優しく、自然の美しいオークニーに生まれ育った私はとてもラッキー」というジュディス・グルーさんはニットデザイナー。自分の作品ばかりでなく、扱っている商品は材料にもデザイナーにも、できる限りオークニー諸島にこだわっています。店内の商品はどれもオリジナリティにあふれていて、かわいいのです！

15 Bridge Street, Inverness, IV1 1HG
(0)1463 248529
http://www.judithglue.com/

ジェームズ・プリングル・ウィーバーズ
James Pringle Weavers of Inverness

　インヴァネス城から車で5分くらい。2階にはミニタータン博物館があります。今回行ってみると元々は工場だったところがショップになっているではありませんか。3年前にここでの製造は中止になったとのこと。こうして工場がどんどん閉鎖されていってしまうのでしょうか、残念です。

Holm Woollen Mill, Dores Road, Inverness, IV2 4RB
(0) 1463 223311

スコティッシュ・ショータイム　Scottish Showtime

　スコットランドには、近所の人が集まって音楽やダンスや詩や世間話などを楽しむ〈ケイリー Ceilidh〉という習慣があります。広くダンスパーティという意味でも使われ、このショーはまさに豪華版ケイリー。バグパイプやフィドル演奏、スコティッシュダンス、フォークソングなど、さまざまなスコットランド音楽を聴くことができます。受け身のショーではなく、観客にも一緒に歌うよう誘ったり、舞台からおりてきて観客と一緒に踊ったりと、舞台と客席がひとつになれるアットホームさ。ネッシーが出てきたり、ロバート・バーンズの「ハギスに捧ぐ」の暗唱ではハギスを持った女の子たちが登場するなど、エンターテイメントの要素も加わり、2時間があっという間に過ぎていきました。そして何より、タータンの歌があったんです！　英語はよく聞き取れませんが、マクドナルド、マクラウドといったクランの名前が連なった後に、聴こえました、「Tartan is for me!」と！　リズム感のある曲がいっぺんで好きになってしまいました。

開催日が限定されているのでＨＰでチェックを
http://www.nessie.org.uk/

アーカート城　Urquhart Castle

　38km 余りに渡って細長く伸びるネス湖の中頃。アーカート城は湖と山々を見守るように立っています。早朝のネス湖は静かで、ひっそりとたたずむ城の廃墟がさらに物悲しく見えます。この城が最後に修復されたのは16世紀初め、ジャコバイト軍に奪われるのを恐れた当時の領主が1692年に自ら爆破して廃墟にしたのでした。

　映画『ウォーター・ホース』はネス湖のネッシーをもとにしたファンタジー映画です。アンガス少年が、伝説の動物ウォーター・ホースにまたがってネス湖を走り回るシーン。その風景に映ったアーカート城の美しさは忘れられません。ネス湖の怪物伝説はとても古くからあり、ネッシーの写真がねつ造だったからといって怪物の存在まで否定された訳ではありません。私はここに来ると湖の怪物を素直に信じることができるのです。

Drumnadrochit, Inverness, IV63 6XJ
(0)1456 450551
http://www.historic-scotland.gov.uk/

ネス湖を望むファームには、長い角を持つハイランド牛がいました。ケルト民族が移住してきた時、この牛を連れてきたのだそうです

イーレン・ドナン城 Eilean Donan Castle

　デューイッヒ湖に浮かぶ小さな島に築かれた城。陸地とは橋でつながっています。カレンダーに最も多く登場する城で、映画のロケ地としても使われています。『ハイランダー』では、マクラウド一族の居所としてロケ。湖にかかる橋を、マクラウド一族がブルーのタータンをまとって馬にまたがり、戦いに出て行くシーンが印象的でした。『エリザベス　ゴールデン・エイジ』では、スコットランド女王メアリーが幽閉されている城として映りましたし、『ウォーター・ホース』のオープニング風景でも使われています。1719年のジャコバイトの反乱で壊され、城は長い間廃墟になっていましたが、1911年に買い取られ、復元されました。橋が架けられたのはその時で、それまでは湖に浮かぶ城だったそうです（ロマンチックですね！）。

1、海に囲まれていながら、この小島には真水が湧いていたので人が住むようになりました　2、ハイランダーの格好をしたスタッフ。かっこいい！　3、13世紀、ヴァイキングの侵略に備えて城壁がめぐらされました　4、クラン・マックリーの紋章が刻まれています

Dornie, by Kyle of Lochalsh, IV40 8DX
(0)1599 555202
http://www.eileandonancastle.com/

スコットランドの国花・アザミ

　ヴァイキングの侵略が激しくなっていた8世紀末から9世紀はじめ。スコットランド兵士たちが寝ている夜に偵察に来たヴァイキング兵がアザミを踏みつけました。あまりの痛さに悲鳴をあげたため、スコットランド兵は飛び起き、敵を撃退することができたそうです。以来、アザミは国を救うシンボルとして、紋章などに使われるようになったのです。スコットランドの最高勲位の名前も「アザミ勲章 Order of the Thistle」で、マークにはアザミがあしらわれています。アザミの種類の中で、スコットランドの国花となっているのはスコティッシュ・スィッスルという高さが2mにもなるオニアザミ。実物を見ました。確かに2mくらいあり、襲われるのではと思うほどの迫力です。とげも針みたい。ヴァイキング兵が悲鳴をあげたのもうなずけます。

　ギフトショップにはアザミが描かれた商品がたくさんあり、植物が大好きな私の手はついアザミ・グッズに伸びてしまいます。ウインドーのディスプレイに飾ってある、大きなアザミの造花が、欲しくて欲しくて、でも荷物になるなあと悩みながら結局、最終日、エディンバラの露店で買ってしまいました。

スカイ島へ　Isle of Skye

　イーレン・ドナン城を出てまもなくすると、橋が見えてきます。本土とスカイ島をつなぐスカイ・ブリッジ。青い海の向こうのけぶった山々に向かって橋を渡ります。長さ570m、あっという間にスカイ島に入りました。スコットランドの本当の魅力は島にこそあるといいます。でも、船や飛行機で島を往復する余裕がなかなかありません。スカイ島へはこの橋ができたおかげで気軽に行くことができます。ゲール語で〈翼のある島〉という意味のスカイ島、翼を広げた鳥のような地形なのです。ボーダーズからハイランドを巡り、美しい景色はあちこちで見てきましたが、スカイ島の自然美は別格です！くねくねと複雑に入り組んだ海岸線と、それを見守るようにそびえる山々が織りなすパノラマ。ハッとする景観が次から次へと続くのです。どうしてこんな景色ができるのだろう、とびっくりするやら、感動するやら。

キルト・ロック Kilt Rock

　北部にある〈キルト・ロック〉を見た時は、ふるえる感激を味わいました。その名前の通り、断崖がキルトのような形状をしているのです。これをキルトと思わずしてなんと思う?!

　ここはスコットランドなのです！　キルト・ロックの手前には、崖から勢いよく水しぶきをあげて落下する滝。小さな虹を何度も描いています。この景色だけは晴れた日でないと見ることができないでしょう。さっきは曇っていたのに今は晴れ、私は本当にラッキーです。

　スカイ島は決して小さな島とはいえません。面積はインナー・ヘブリディーズ諸島で最大、深く切り込む地形に沿った道はただドライブするだけでも思ったより時間がかかりました。1泊しましたが、それでも足りなかった……。今度はハイキングしながらもっともっと自然に近づいてみたい──そう心から思いました。

ポートリー Portree

　港町で食べる揚げたてのフィッシュ＆チップスはまずいどころか最高だと聞いていたので必ず食べようと決めていました。スカイ島は魚介類が新鮮、どこで食べても間違いはないという確信がありました。スコットランドに来て初のフィッシュ＆チップス。衣がサクッとして、油っこさはまったくありません。おいしーい‼　そのままでも十分いけます。

　ポートリーは小さな町ですが、かわいいショップがいろいろあります。公衆トイレ（インフォメーション・センターにはお手洗いがなく、公衆トイレ

雨の中、一生懸命バグパイプを吹いていた少年。
キルトが大きすぎる……

を使うよう言われました。これはどこの町も同じで、ちょっとびっくりしたことの一つ）を出た所で、その名も〈ザ・タータン・カンパニー〉というお店を発見！　ウインドーにはタータンのクッションやブランケットが飾ってあり、吸い込まれるように中へ入るとバッグからアクセサリーまで、他のお店では見たことがないオリジナル・グッズがたくさん！　ポップさと素朴さとが入り混じった不思議な雰囲気にはどこか海や港の香りも感じられます。聞いてみると、スカイ島の人々で始めた小さなお店だとのこと。「スモールビジネスなのであまりストックがなくてごめんなさい」と、私が欲しい色のバッグがもう売れてしまったことを謝ってくれました。

レストランの建物にタータンが！
これにはまいりました

TheTartan Company
The Green, Portree, Isle of Skye, IV51 9BT
(0)8451 259749
http://www.thetartancompany.co.uk

ブロードフォード　Broadford

　ポートリーの〈クーリン・ヒルズ・ホテル〉（タータンの豪華な部屋がある）には残念ながら泊まれなかったけれど、ブロードフォードで偶然にも、タータンのある部屋に泊まることができました！　ブロードフォードはスカイ島南部観光の拠点となります。ポートリーよりずっと小さい村ですが、海に面した眺めのいい所で、スーパーマーケットとガソリンスタンドがあってとても便利です。私が泊まったシー・ビュー・ゲストハウスは、その名前の通りに部屋から海が望めました。朝日に輝くさわやかな海を眺めながら朝を迎えられるなんて、贅沢ですよね。

1,赤のロイヤル・スチュアートの毛布と椅子が気持ちを明るくしてくれます　2と3,夜はブロードフォード・ホテルのレストランで。ナッツのチーズクリームパスタ、そしてデザートはスティッキー・トフィー・プディング！　甘いけれどおいしかった

スカイ島暮らしの博物館
Skye Museum of Island Life

　海を目前にした丘に、スカイ島の伝統的な民家である〈ブラックハウス〉が7棟、並んでいます。藁葺き屋根に不揃いな丸石の壁が特徴。ゲール語の聖書、牛の角でつくったスプーン類、バグパイプやヴァイオリン、手織り機械など、20世紀初めに実際に農家で使われた日常的なものが展示され、島の古い暮らしの様子が手に取るようにわかります。

Kilmuir, By Portree, Isle of Skye, IV51 9UE
(0)1470 552206
http://www.skyemuseum.co.uk/

1と2、18世紀までは橋はなく、船で海門を通らなければ城に入れなかったそうです。城の敷地には真水が湧いていたため、何度も狙われました。城が残っているのは攻撃から守りきったから 3と4、広大なフォーマル・ガーデンも魅力の一つです

Dunvegan, Isle of Skye, IV55 8WF
(0)1470 521206
http://www.dunvegancastle.com/

ダンヴェガン城
Dunvegan Castle

　800年近くにわたって、クラン・マクラウドが受け継ぎ、居住している城です。何をおいても私が見たかったのは妖精の旗(フェアリー・フラッグ)。昔、城主のイアンが妖精の王女と恋に落ちます。妖精は人間と違って永遠の命、また、結婚しても一緒に過ごせるのは1年と1日という掟。それでも愛し合う二人は結婚し、男の子が誕生。王女は妖精の国に帰る日、息子の泣き声を聞くとたまらなくなるので、絶対に泣かせないでと頼みました。しかし乳母が目を離し、息子が泣き出してしまいます。妖精の王女は自分のショールで包み込んで泣きやませ、また国に帰っていきました。成長した息子はその記憶とショールのことを父に告げます。もしクランに危険が迫った時チーフがショールをふれば妖精の軍隊を呼び出せると。呼び出せるのは3回だけ。イアンはそのショールを旗に仕立て、その後2回振って危機を逃れました。以後、代々の城主は戦いに行く度に旗を身につけていったとか。第二次世界大戦の際にも戦地に持参されたそうです。ボロボロになってしまった旗は、現在額に入れて大切に展示されています。ただのぼろきれといってしまえばそれで終わり、でもスコットランドの人々は当然のように妖精の存在を信じています。私はそういうお国柄も人々も大好き。妖精の存在ももちろん信じます。残念ながら見たことがないのでスコットランドでぜひとも会いたかったのですが、弾丸旅行をしていたので気づく暇などなかったかな？

1、右側の白い部分が唯一残っている火事前のオリジナル（18世紀後半）　5、1822年に建てられた厩は、修復されレストラン＆ギフトショップに。なんという豪華な厩でしょう

Armadale, Sleat, Isle of Skye, IV45 8RS
(0)1471 844305
http://www.clandonald.com/

クラン・ドナルド・センター　Clan Donald Centre

　標識には〈アーマデイル・カッスルガーデン＆ミュージアム〉とあります。それらを含む約40エーカーの敷地すべてがクラン・ドナルド・センターです。とんでもなく広いですが、これは売却されたり没収されたりして最後に残った一族の土地。クラン・ドナルドはスコットランドの古く由緒あるクランの一つで、ヘブリディーズ諸島を率いた島々の王を祖先に持ちます。その王の孫がドナルドで、〈ドナルドの息子〉というマクドナルド姓はそこから使われるようになりました。〈島の領主〉であるドナルド一族の勢力は強く、どんどん大きくなっていきます。
　チーフの居城だったアーマデイル城は、1855年の火事でオリジナルのほとんどを失いました。その後現在の形に修復されたものの、所有していたチーフが小さい家に引っ越してしまって以来、廃墟となっています。城の目前には、180度の海。眺めがすばらしいだけに、ミュージアムでドナルド一族のこれまでの歴史を見てき

2、ハイランダーが用いた楯 3、19世紀初期の飾り柄がついた広刃の剣 4、14世紀中期の墓板（レプリカ）。こういう飾り彫りが普通にされていました 6、7000冊以上の資料を揃える図書館＆学習センターで、クラン・タータンを見せてもらいました。グレンコー、グレンガリー、ケポックなど、主な分家（ブランチ）を7つも持つマクドナルド一族、たくさんのタータンがあります 7、19世紀、海外へ移民していった人々が持っていったマクドナルド・タータンのプレード

ただけに、廃墟となった城が物悲しく、切なく感じられて仕方がありません。

　先程、ここが最後に残った一族の土地と書きましたが、実はチーフが売りに出そうとしていたそうです。そこでクラン・ドナルド・ランドトラストが設立され、寄付金で買い取りました。後継した土地と建物を維持していく並大抵ではない苦労は、マクファースンの準族長夫人（チーフテイン）だったサンドラさん（87P）からも聞きました。土地でのキャンプを許可したり、コテッジを貸し出したり、ギフト商品を開発するなど、さまざまなアイデアをひねり出して収入を得る努力をしたそうです。「祖先が残した一族の土地をとても愛していたから」。

　ドナルド一族はスコットランドのみならず、世界中に移民を持つ大きなクランです。トップが抱えきれなくなった土地は今、一族のトラスト・メンバー一人一人の力で守られています。彼らが帰る場所が、ここにあります。

スカイ島からフェリーで本土へ

　スカイ島の曇った空を後にし、本土のマレイグに着く頃には雲間から青空が見えてきました。乗船時間はわずか30分なのに。マレイグの港町はスポットライトがあたったかのように、キラキラまぶしい。マレイグからはA830号でフォート・ウィリアムへ向かいます。このルートには鉄道が走っています。目玉は蒸気機関車〈ジャコバイト号〉。ちょうど船が着いた10分後に蒸気機関車が発車するため、駅にはたくさんの観光客が待ちわびていました。

http://www.westcoastrailways.co.uk/

ジャコバイト号の運行期間と本数は限られているので確認を

グレンフィナン高架橋　　Glenfinnan Viaduct

　ここは映画『ハリー・ポッターと秘密の部屋』で、空飛ぶ車に乗ったハリーたちがホグワーツ特急に追いかけられるシーン、同じく『アズカバンの囚人』でディメンターに列車が止められるシーンでロケされた陸橋です。高さ30m、長さ380m、21 のアーチを持つコンクリート陸橋。それだけでもフォトジェニックですが、ここを蒸気機関車ジャコバイト号が煙をはいて走って行く様は絶景です。待つこと 20 分。汽笛が聞こえ、汽車が姿を現しました！
　ハイランドの力強い山並みと蒸気機関車、響き渡る汽笛、古いアーチの陸橋──もう言葉はなく瞬きもできず──ただ見つめるだけでした。

曇りだったのでポストカードでは天気のいい風景を購入

モニュメントには登ることができます

シール湖　Loch Shiel

『ハリー・ポッターと秘密の部屋』の予告編で、ハリーが肩にヘドウィグを乗せ、見下ろしている湖。それがここから見るシール湖です。湖のほとりにすっくと建っているのはグレンフィナン・モニュメント。1745年のジャコバイトの反乱がこの地で始まったことを記念して、1815年に記念塔が建てられたのです。塔のてっぺんに立っている像はキルト姿のハイランダー。プリンスのために命をかけたハイランダーへ敬意を表しているのです。

　グレンフィナンにはビジターセンター以外に何もないのですが、汽車や陸橋、シール湖などの雄大な景色は、見て通り過ぎるだけにはあまりに惜しい。陸橋の近くまで、あるいは湖を一周したり、山を越えるハイキング・ルートを歩いてみたくなりました。グレンフィナン駅には食堂車のレストランがあり、寝台車には泊まることもできます。この寝台車に泊まり、翌日は実際に蒸気機関車に乗る、次の旅行の予定がもう決まりましたよ。

チャールズ王子の到着を迎えるハイランダーのイメージ写真©Britainonview

フォート・ウィリアム Fort William

　ハイランド観光の拠点となっている町だけあって、車がひっきりなしに行きかっています。せわしい所はあまり好きではありませんが、メインストリートのハイ・ストリートは歩行者天国になっていたので、ゆっくりと見て歩くことができます。レニー湖沿いのシーフードレストランに入りました。満席だったため店員さんは忙しく、満足するサービスがなかったのが残念でしたが、料理はおいしくいただきました。

スターターはカニ、メインはエビ、そしてデザートはクラナハンのパンナコッタ

ノース・バラフーリッシュ
North Ballachulish

　ノース・バラフーリッシュは以前の旅で私のお気に入りになった場所。リーヴン湖、橋、山、草原の絶妙なバランスが素敵です。感性のツボにはまる"何か"があり、車を停めて何枚もシャッターを切りました。今回はここに1泊します。部屋はもちろんタータンです。

　霧にけぶった湖畔の朝。外に出てみます。誰もいません……と思ったら、野ウサギがわんさか、私の足音から逃げるように散っていきました。凛とした冷気。湖面の静かな息遣い。こんな穏やかな1日の始まりは久しぶりです。うーんと伸びをしました。

Loch Leven Hotel
Old Ferry Road, North Ballachulish, PH33 6SA
(0)1855 821236
http://www.lochlevenhotel.co.uk

1、マイ自転車を持参し、ゴンドラにくくりつけて頂上へ行く人がいっぱい。一気に下るスリルは満点でしょうね　2、遠くに見える町はフォート・ウィリアムです　3、ゴンドラ。風でかなり揺れます　4、犬連れの旅行者もたくさんいました

ネヴィス・レインジ　*Nevis Range*

　スコットランドの最高峰ベン・ネヴィス（標高1344m）には、多くの登山客が訪れます。経験の浅い人が気軽に登れる山ではないので、ベン・ネヴィスの周りでゆるやかなハイキング・ルートがあればと思って見つけたのがここでした。ベン・ネヴィスの北にある Aonach Mor の山頂付近（650m）までゴンドラで往復できます。山頂にある初心者向けの散策路は必ず歩くつもりでやって来ました。往復20分のコースと、約40分のコースと2つあり、ファイト満々ですから後者をチョイス。予想をはるかに超えるすばらしさでした！
　平らな道なので疲れもなく、風にゆれる植物、ベン・ネヴィスをはじめとする山々の威容、スコットランドの自然を両手で抱きしめました。

http://www.nevisrange.co.uk/

17世紀の建物を修復して博物館にしました

クラン・キャメロン博物館　The Clan Cameron Museum

　車が1台通るのがやっとという、森の中の小道をひたすら入っていった所にありました。自分だけがこの宝物（博物館のことです）を見つけたかのようなスペシャル感が何ともいえません。キャメロン一族は昔から戦士として勇敢に戦い、軍隊を組織し、名を残してきました。1745年のジャコバイトの反乱ではチャールズ王子側につき、敗けてこの辺りに逃げて来た王子をかくまいました（洞窟に隠れなくてはならない日もあったとか）。王子にまつわるもの、チョッキやジャコバイト・リング（秘密のスプリングで開けると王子の肖像画が現れる細工がしてある指輪）にはどうしても目がいってしまいます。

1、小さなピンバッジがギャザリングのオリジナル　2、キャメロン・タータンの古いキルト。前にプリーツがついています　3、人形（チャールズ王子）が身につけているプレードは、18世紀のタータン生地から作られています　4、クラン・キャメロンのクレストは5本の弓の束。モットーは「unite（結合）」　5、キャメロン・タータンで飾られた展示室

Achnacarry, Spean Bridge, PH34 4JE
(0)1397 712480
http://www.clan-cameron.org/museum.html

グレンコー　Glencoe

　グレンコーはハイランドを代表する景勝地です。グレンは〈谷〉という意味。標高1000m前後の険しい山々に挟まれた峡谷は見事としか言いようがなく、荒々しい、野性的な山岳美に口をあけて見惚れるばかり。『ロブ・ロイ』や『ブレイブハート』など、スコットランドに関係する映画の撮影で必ず言っていいほど、ロケされています。

　こんな美しい風景の中で、1692年、悲しい〈グレンコーの虐殺〉事件が起こりました。ウィリアム三世への忠誠宣誓書を期日まで出すことができなかったグレンコーのマクドナルド一族が、見境なく殺されたのです。マクドナルド一族は寒さで困っている連隊120人を手厚くもてなしましたが、まだ眠りについているある朝5時、突然攻撃されたのでした。お年寄りから子どもまで37人あまりが殺されたそうです。イングランド政府のこの卑劣な策略は、国内だけでなくヨーロッパでも非難され、政府は名誉と信頼を失う結果となりました。

　光と影。自然は、月日が流れても忘れてはならない歴史の一端にも触れさせてくれます。言葉はいらない、感じること。

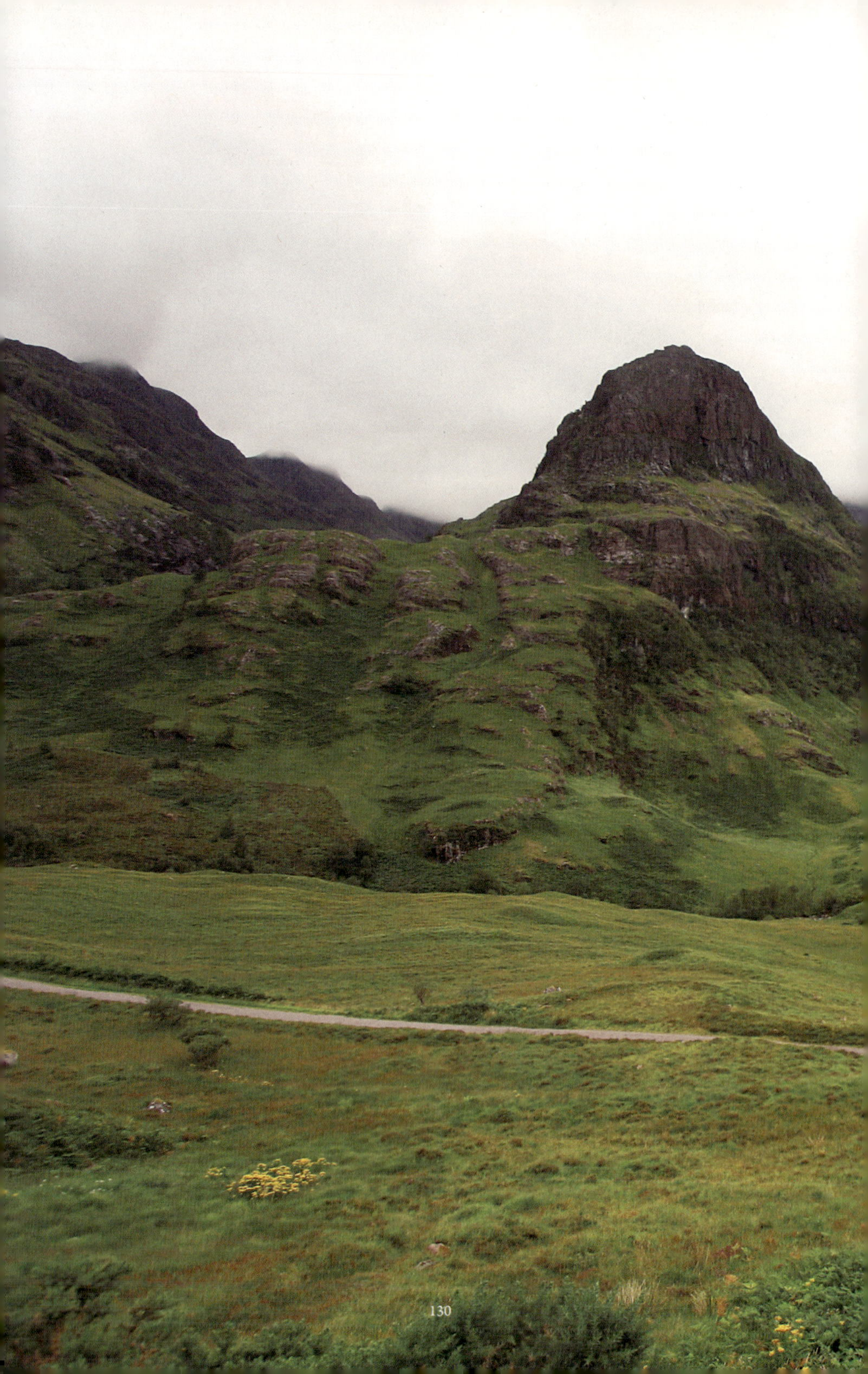

ハイキングや登山を目的に来る人も多く、グレンコー・ビジターセンターはそうした人々の拠点となっています。遊歩道もきれいに整備されています

COLUMN

スコットランドがわかる、味わえるおすすめの映画

スコットランド旅行に役立つよう、事実に基づいた映画を集めてみました。どの映画もスコットランでロケがされています。

✚『クイーン・ヴィクトリア 至上の恋』
原題：Mrs. Brown ／ 1997年制作／イギリス

最愛の夫アルバートが42歳の若さで亡くなってから3年。悲しみから立ち直れずにいるヴィクトリア女王と、その従僕ジョン・ブラウンとの心の交流を描いています。ブラウンはもちろん、キルト姿！ 女王はバルモラル城での舞踏会シーンで、ドレスの上に〈ロイヤル・スチュアート〉の赤いタータンのサッシュ（タスキのような飾り帯）をつけて踊っています。

✚『クイン・メリー 愛と悲しみの生涯』
原題：Mary, Queen of Scots ／ 1971年制作／アメリカ

〈メリー〉となっていますが、〈メアリー〉のほうが一般的です。美しく、恋多きスコットランド女王メアリー・スチュアートを描いています。華やかな生活が一転、幽閉生活を強いられ、最後はエリザベス女王暗殺計画に関わった（本当に暗殺に加担していたかは不明）として処刑されるという悲劇的な人生を歩みました。この映画は古くて観ることが困難。最新の映画では、スカーレット・ヨハンソンがメアリー女王を演じています。

✚『ユアン少年と小さな英雄』
原題：Greyfriar's Bobby ／ 2005年制作／イギリス

DVD版タイトルは『ぼくとボビーの大逆転』。19世紀にエディンバラに実在したスカイ・テリア犬のボビーを、寂しさを抱える少年との交流という切り口で描いています。ボビーは主人が亡くなった1858年から、1872年に自分の命をまっとうするまでの14年間、その墓を守り続け、スコットランドの忠犬ハチ公ともいわれます。心温まるその逸話は今も語り継がれています。とにかく、スカイ・テリア犬のボビーがかわいいったらありません！

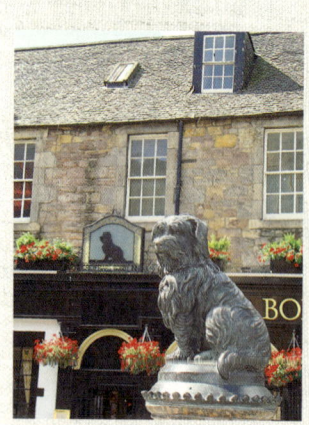

エディンバラにあるボビーの像

✤ 『ブレイブ・ハート』
1995年制作／アメリカ

スコットランドの自由のために命をかけて戦った英雄ウィリアム・ウォレスを描いています。時代は13世紀、イングランド王エドワード一世に支配されていたスコットランドの自由と独立のため、ウォレスは切れる頭と絶大なるリーダーシップを駆使して戦いを挑みます。私欲のためにウォレスを裏切る貴族も当然ながらいて、一筋縄ではいきません。それでも勝利を勝ち取りますが……。最期まで強い意志と誇りを持ち続けたウォレスは本当にかっこいい！

映画〈ブレイブ・ハート〉タータン。作製したアイラ島毛織物工場（ウーレンミル）のHPから購入できるのでだいぶ前に買って使っています。アボッツフォード・ハウスのギフトショップでも見つけました

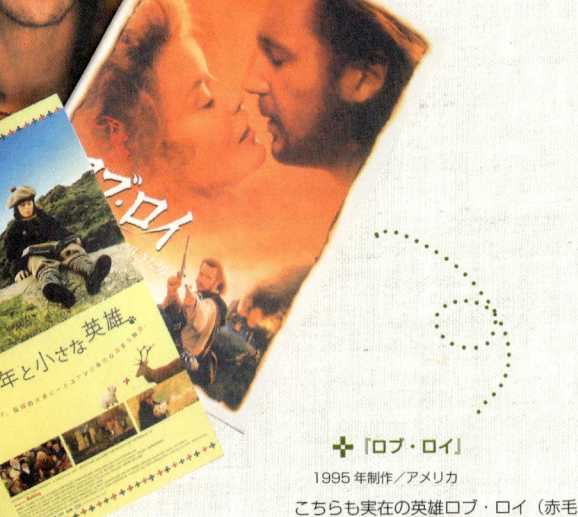

✤ 『ロブ・ロイ』
1995年制作／アメリカ

こちらも実在の英雄ロブ・ロイ（赤毛のロバート、という意味の愛称）を描いています。ウォルター・スコットが小説にし〈スコットランドのロビン・フッド〉として有名になりました。時代は18世紀。モントローズ侯爵に無法者の汚名をきせられたロブ・ロイの反撃が始まります。ロブ・ロイ（リーアム・ニーソンははまり役！）がタータンのプラッドを慣れた手つきでスイスイと身につけていくシーンには釘付けになりました。

付録

スコットランド旅行のお役立ち

ベーシック・インフォメーション

《日本での情報収集》

英国政府観光庁（Visit Britain）
〒107-0052　東京都港区赤坂 1-17-22　赤坂ツインタワー1階
TEL：03（5562）2550　10:00〜17:00　土・日・祝休み
http://www.visitbritain.jp

日本スコットランド協会（JSS）
日本とスコットランドの文化交流を目的に活動する会員制のNPO団体（もちろん、私も会員です）。講演やクラブ活動（スコティッシュ・ダンス、読書会や新聞を読む会などいろいろあり）、パーティなどを開催。会員にはスコットランドに関する書籍やビデオなどを無料で貸し出し。関西支部有。
〒160-0022　東京都新宿区新宿 2-15-25　カテリーナ御苑 403
TEL/FAX：03（6380）5256
月・水・金のみ 10:30〜17:00
http://www.japan-scotland.jp/

よく利用する観光案内ウェブサイト（英語）

スコットランド政府観光庁のウェブサイト
　http://www.visitscotland.com/

スコットランド観光協会のウェブサイト。
　B&B探しに便利（日本語サイトあり）
　http://www.scotlandsbestbandbs.co.uk/

アクティビティ・ポイントによるレジャーや観光情報。
　テーマごとでわかりやすい
　http://www.activitypoint.co.uk/

アンディスカバード・スコットランドの総合観光情報。
　アルファベットからの検索、カテゴリー別検索もあって使いやすい
　http://www.undiscoveredscotland.co.uk/

エディンバラの、各通りごとに、並ぶ店舗が一目でわかる、画期的なサイト。
　目的の店が通りのどちら側の何番目に、どの店舗の隣にあるか、までわかるのがすごい！
　http://www.edinburgh-royalmile.com/

《基本情報》

時差：
9時間（日本のほうが早いので、9時間プラスするとよい）
サマータイム（3月の最終日曜～10月の最終日曜）は8時間

通貨：
ポンド Pound（£）とペンス Pence（p）。1£＝100p。コインは1ペンスと2ペンスが銅貨、5、10、20、50ペンスが銀貨、1ポンドと2ポンドは金色。紙幣は5、10、20、50ポンド。スコットランドは独自の紙幣（5、10、20ポンド札）を発行しており、スコットランド内であれば問題なく使えるが、イングランドでは使えないこともある。また、スコットランドの紙幣は日本に持ち帰って両替できないので注意。

航空便： 
日本からスコットランドへの直行便はないので、ロンドン経由で入るのが一般的。ヨーロッパ経由で入る方法もある。スコットランドの主要空港は、エディンバラ、グラスゴー、インヴァネス、アバディーン。ロンドンへの直行便は、ブリティッシュ・エアウェイズ、ヴァージンアトランティック航空、日本航空、全日空が出している。所要時間は、東京～ロンドン間が約12時間。ロンドン～エジンバラ間は約1時間10分。

税金：
消費税に当たるVAT（付加価値税）は17.5％。書籍、子供服、子供用の製品や、ほとんどの生鮮食料品にはかからない。"Tax-free Shopping"のステッカーがある店あるいは手続きをしてくれる店で、最低購入金額以上の買物をした場合に、手数料を差し引いて還付を受けることができる（申請に必要な書類を忘れずにもらおう）。

レンタカー：
重い荷物を持ち歩く必要がなく、交通の便を気にすることなく移動ができるレンタカーは、車の運転に慣れている方にはぜひともおすすめ（日本の国際免許証が必要）。好きな場所で止まって写真が撮れるし、自由に旅行できるのは最大の魅力だ。日本同様に右ハンドル、左側通行。日本と違うのは、交差点がロータリー式（ラウンドアバウト）であること。レンタカーは日本から予約していくのが確実。特にオートマチック車は数が少ないので、予約時に必ず指定する。日本で予約できる大手レンタカー会社は2社。私はハーツを利用。ウェイバリー駅から歩いていける所に事務所があるので便利だ。 
ハーツ　http://japan.hertz.com/
エイビス　http://www.avis-japan.com/

電圧：
220～230V。コンセントのプラグは三つ又のBFタイプなので、日本の電化製品を使用する場合アダプタが必要。変圧器はカメラやパソコンの充電にはほとんど必要ない。

度量衡：
長さは1インチinch（＝2.54cm）、重さはポンドlb（＝453.6g）、オンス（＝28.35g）、距離はマイル（＝1.61km）、ヤード（＝0.9m）。ビールの注文はパイント（＝0.57l）。洋服や靴のサイズも日本とは違うので注意。

スコットランド国内の便利なトラベルパス： 
鉄道やバス、フェリーなどを網羅する交通パスがあるほか、歴史的観光スポットを数多くめぐる場合にお得なのが入場パス。入場のたびに切符を購入する手間がなく、上手に使えば入場料の節約になる。
ヒストリック・スコットランドのエクスプローラー・パス（Explore Pass）
http://www.historic-scotland.gov.uk/
グレート・ブリティッシュ・ヘリテージ・パス（GBH）
http://www.britishheritagepass.com/
今回私が使ったのはGBHパス。このパスは日本の英国政府観光庁のオンラインショップから日本円で購入することができる。

電話のかけかた：
スコットランドから日本へ　00（国際電話識別番号）＋81（日本の国番号）＋相手先の電話番号（市外局番の最初の0は取る）
日本からスコットランドへ　契約電話会社の国際電話認識番号　＋44（スコットランドを含むイギリスの国番号）＋相手先の電話番号（市外局番の最初の0は取る）

あとがき 〜終わりは始まり〜

　スコットランドで買った CD を聴きながら原稿を書きました。中でも一番よく聴いたのはバグパイプの CD です。スコットランドの歴史映画を観ていると、必ず戦闘のシーンでパイパーがバグパイプを吹き鳴らしています。なんと呑気な、と始めは思いましたが、16世紀あたりから、バグパイプは戦う兵士や軍隊の行進で士気を高めるために演奏されたのだそうです。戦っている兵士の後方で、自分も巻き込まれて死ぬかもしれない危険の中で勇敢にバグパイプを吹き続けたのでした。

　その通り、私の原稿を書く士気はあがりました！　特に〈Scotland the Brave〉という曲は、頭をゆらし、足をドンドン踏み鳴らして（スコットランド人と同じことをしてました）、原稿を書く手が止まってしまうほどでした。冷蔵庫に貼ったバグパイプのマグネットは、押すとこの曲が鳴るので、冷蔵庫を開ける度にプレスしては一緒にハミングしていました。どんな曲か知りたいでしょう？　動画サイトで検索して聴いてみてください。私の気持ちがきっとわかってもらえるはず！

　実は音楽にもバグパイプにも詳しくありません。でも理由はわからないのに無性にバグパイプに惹かれます。音はバグパイプ、模様はタータン。言葉はゲール語。この土地にこれらが生まれたことは必然だったと、旅をして思います。自分がここに惹かれることも必然だったと、旅をして感じました。今度はいつ行きましょう、心が落ち着く場所スコットランドへ。もっともっとタータンを求め、深める旅へ。桜が咲く春？　紅葉の秋？　エディンバラの新しい足・トラムにも乗りに行かなくてはね。旅から帰ってきたこと、それはまた次への始まりです。

2009 年冬　奥田実紀

英語（ゲール語）の日本語表記は『スコットランド文化事典』（原書房）に従いました。日本スコットランド協会の佐藤猛郎さん、タータンショップ・ヨークの鈴木晃さん、英国政府観光庁、ハーツレンタカーの井上由香さんはじめ、お名前をすべて挙げられませんが、本書の制作にあたり日本でもスコットランドでも、多くの方のご協力をいただきました。みなさま、本当にありがとうございます。
I would like to thank all the people that have shown me great kindness and hospitality.

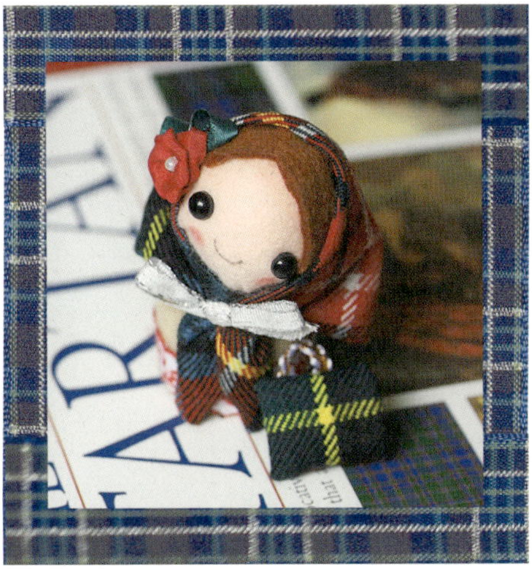

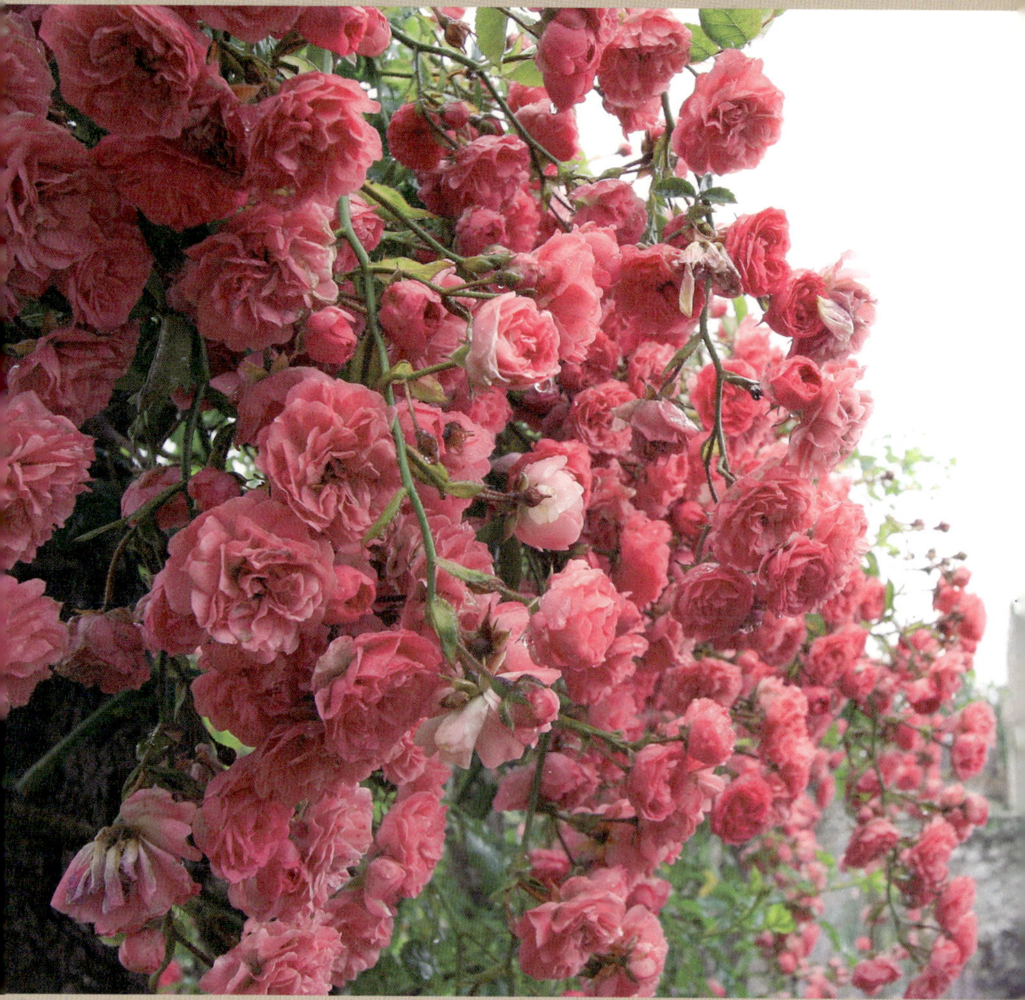

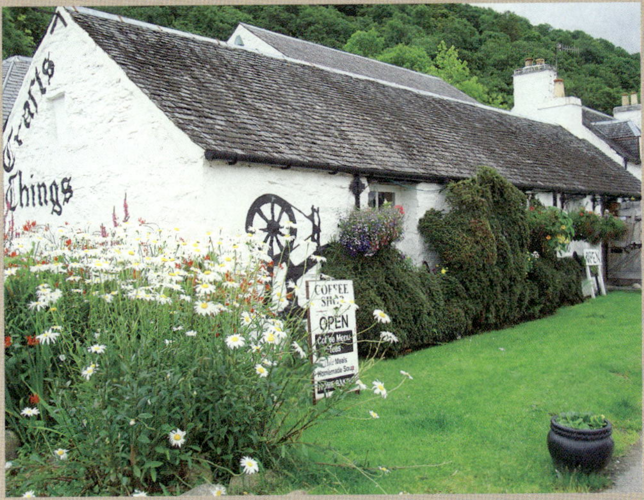
Things
COFFEE
OPEN

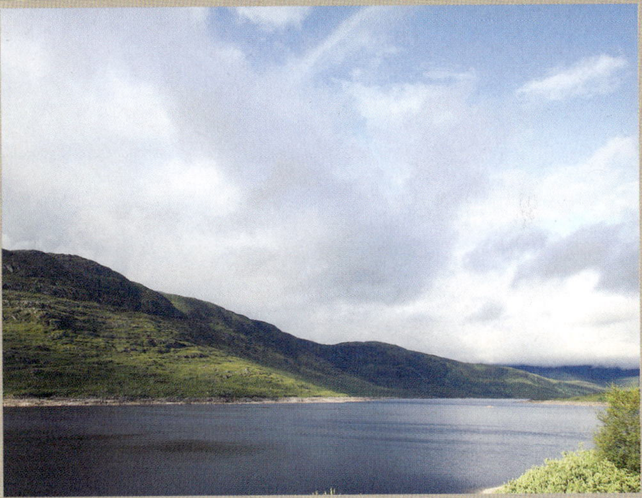

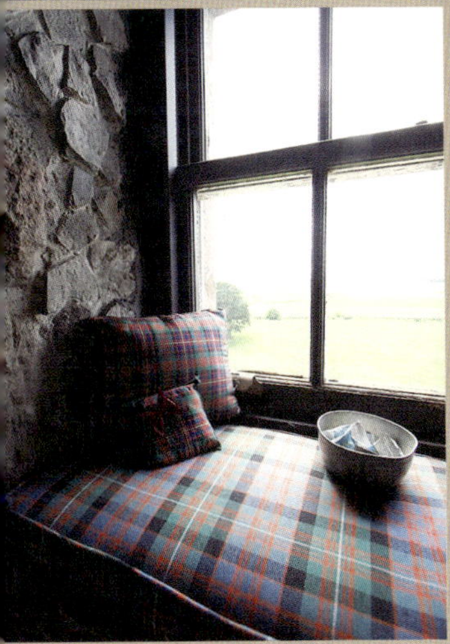

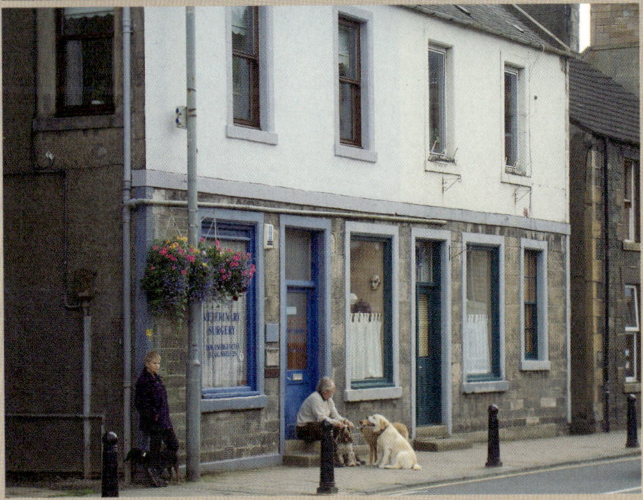

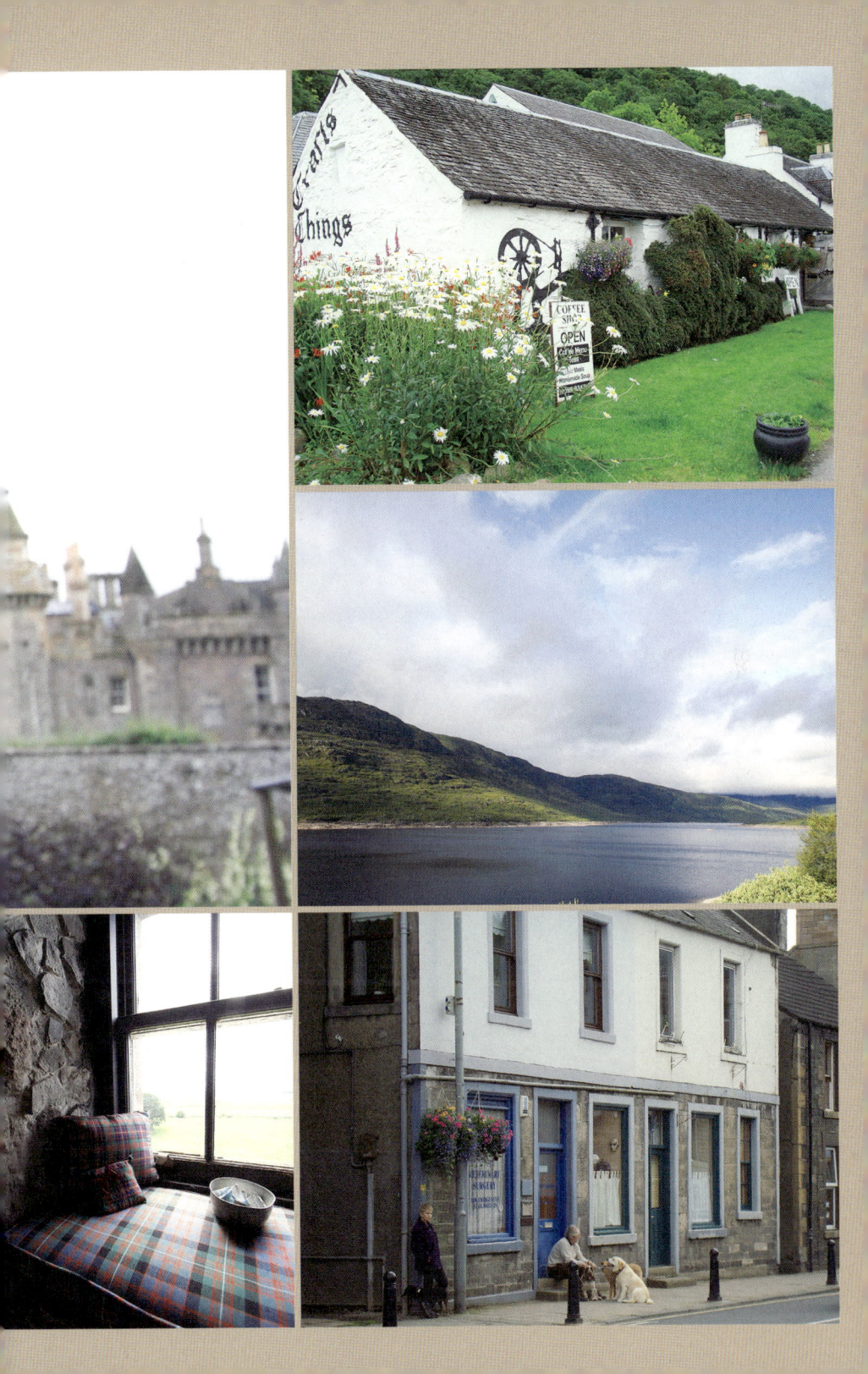

奥田実紀（Miki Okuda）
宮城県仙台市出身。コピーライター、編集者を経てフリーライターに。『赤毛のアン』を追い続け、その執筆・著書も多い。講演もこなす。著書『タータンチェックの文化史』（白水社）も好評。日本スコットランド協会会員。
https://mikiokuda.com/

私のとっておき 24
スコットランド　タータンチェック紀行
2010年2月10日　第一刷発行
2018年11月5日　第三刷発行

著者　奥田実紀
写真　奥田実紀
装幀　ちばかおり

発行　株式会社産業編集センター
　　　〒113-0021 東京都文京区本駒込 2-28-8 文京グリーンコート17階
　　　TEL 03-5395-6133　FAX 03-5395-5320
印刷・製本　大日本印刷株式会社

©2010 Miki Okuda Printed in Japan
ISBN978-4-86311-036-6 C0026

本書掲載の情報は2009年12月現在のものです。
本書掲載の写真・文章を無断で転記することを禁じます。乱丁・落丁本はお取り替えいたします。